Besondere Leistungsfeststellung

Gymnasium Thüringen

Chemie 10. Klasse

STARK

© 2019 Stark Verlag GmbH
2. Auflage
www.stark-verlag.de

Das Werk und alle seine Bestandteile sind urheberrechtlich geschützt. Jede vollständige oder teilweise Vervielfältigung, Verbreitung und Veröffentlichung bedarf der ausdrücklichen Genehmigung des Verlages. Dies gilt insbesondere für Vervielfältigungen, Mikroverfilmungen sowie die Speicherung und Verarbeitung in elektronischen Systemen.

Inhalt

Vorwort
Stichwortverzeichnis

Hinweise und Tipps

1	Die Besondere Leistungsfeststellung	I
2	Ablauf und erfolgreiche Teilnahme an der Besonderen Leistungsfeststellung	I
3	Inhalte der Besonderen Leistungsfeststellung im Fach Chemie	II
4	Bewertung der Besonderen Leistungsfeststellung im Fach Chemie	III

Übungsaufgaben

Thema 1:	Chemische Bindungen	1
Thema 2:	Säuren – Basen – Salze	1
Thema 3:	Kohlenstoff und Kohlenstoffverbindungen	1
Thema 4:	Organische Stoffe mit funktionellen Gruppen	2
Thema 5:	Merkmale chemischer Reaktionen	3
Thema 6:	Donator-Akzeptor-Prinzip, Reaktionen mit Protonenübergang, Redoxreaktionen	3
Thema 7:	Stickstoff und Stickstoffverbindungen	3
Thema 8:	Systematisierung	4
Lösungen der Übungsaufgaben		5

Aufgaben im Stil der Besonderen Leistungsfeststellung

Aufgabe 1

Pflichtaufgabe:	Verlauf chemischer Reaktionen	25
Wahlaufgabe A 1:	Organische Verbindungen	26
Wahlaufgabe A 2:	Donator-Akzeptor-Reaktionen	27
Lösungen	....	28

Aufgabe 2

Pflichtaufgabe:	Nachweisreaktionen	33
Wahlaufgabe A 1:	Stickstoff und Stickstoffverbindungen	33
Wahlaufgabe A 2:	Reaktionen organischer Stoffe	34
Lösungen	....	34

Aufgabe 3

Pflichtaufgabe:	Reaktionen von Säuren	39
Wahlaufgabe A 1:	Essigsäure – Ethansäure	39
Wahlaufgabe A 2:	Kohlenstoff und Kohlenstoffverbindungen	40
Lösungen	....	42

Fortsetzung siehe nächste Seite

Aufgabe 4
Pflichtaufgabe: Nachweisreaktionen 47
Wahlaufgabe A 1: Alkane als einfache Kohlenwasserstoffe 47
Wahlaufgabe A 2: Bau der Stoffe – chemische Bindungen 50
Lösungen 51

Aufgabe 5
Pflichtaufgabe: Atombau und Periodensystem der Elemente 57
Wahlaufgabe A 1: Stickstoffdüngemittel 57
Wahlaufgabe A 2: Ethanol 58
Lösungen 59

Aufgabe 6
Pflichtaufgabe: Carbonate 65
Wahlaufgabe A 1: Redoxreaktionen 66
Wahlaufgabe A 2: Stickstoffverbindungen – Merkmale chemischer Reaktionen 67
Lösungen 68

Autoren:

Henry Peterseim und Gisela Schneider

Vorwort

Liebe Schülerin, lieber Schüler,

dieses Buch bietet Ihnen die optimale Unterstützung für eine systematische und effektive Vorbereitung auf die **Besondere Leistungsfeststellung im Fach Chemie**.

Im ersten Teil dieses Buches finden Sie eine Zusammenstellung von **Übungsaufgaben** mit Lösungen, in denen alle Themen des Lehrplans behandelt werden, die der Besonderen Leistungsfeststellung zugrunde liegen. Sie dienen vor allem zur Wiederholung und Einübung der wichtigsten für die Prüfung relevanten chemischen Inhalte.

Der zweite Teil des Buches enthält Aufgaben und Lösungen, die in Umfang und Schwierigkeitsgrad den tatsächlich im Rahmen der Besonderen Leistungsfeststellung im Fach Chemie vorkommenden Aufgaben entsprechen. Es sind dies sechs vollständige **Aufgabenbeispiele** mit ausführlichen Lösungen in der Aufgabenstruktur der Besonderen Leistungsfeststellung: jeweils eine Pflichtaufgabe und zwei Wahlaufgaben.

Zusätzliche Hinweise und Tipps, die Ratschläge zur Lösungsstrategie und Zusatzinformationen geben, sind durch Rauten am Rand und einen *kursiven* Zeichensatz gekennzeichnet.

Wir wünschen Ihnen viel Erfolg bei der Besonderen Leistungsfeststellung im Fach Chemie!

Henry Peterseim und Gisela Schneider

Stichwortverzeichnis

Abwässer 42, 65, 70
Addition 11, 29, 37 f.
Aktivierungsenergie 9, 62
Alkane 14, 37, 49, 54
Alkanole 14, 37
Alkene 10, 37
Ammoniak 16 ff., 36, 57, 61 f., 72 f.
– Reaktionen 18 f., 73
– Synthese 18, 36, 61 f., 72
Atombau 59 f.
Atombindung 5, 56

Benzin 10 f., 41, 48
Berechnungen
– Massen 32, 38, 45, 68 f., 71
– Volumen 20 ff., 30, 38, 44, 72 f.

Carbonate 9 f., 13, 65, 68 ff.
chemische Reaktion, Merkmale 15, 32
Chlorwasserstoff 5, 8 f., 12 f., 16

Dehydrierung 29
Dipol 5, 56
Donator-Akzeptor-Prinzip 16 f., 27, 31

Elektronegativität 56
Eliminierung 11, 29 f., 37 f., 54
Erdgas 41, 45
Erdöl
– Destillation 48, 53
– Fraktionen 48
Ethanol 10 f., 26, 37, 52 f., 58, 62 ff.
Ethansäure 12 f., 26, 37, 40, 43 f., 62

Gärung
– alkoholische 63
– Essigsäure- 58, 62

Halogene 23
– Brom 10, 23
– Chlor 15, 23 f., 29 f., 56, 59
– Fluor 23
– Iod 6, 23
homologe Reihe 49, 53 f.

Ionenbindung 56
Ionen-Kristalle 5 f., 34, 55
Isomere 10, 14, 55

Kalkstein 65 f., 68 ff.
Katalysator 25, 28, 61 f.

Kohlenstoff 9, 40 f., 45 f.
Kohlenstoffdioxid 9 f., 40 f., 45 f., 65, 68 ff.
Kohlenstoffmonoxid 40 f., 44, 46
Kupfer 5, 56

Leitfähigkeit, elektrische 5 f, 13, 56, 59

Magnesium 7 f., 15, 17, 24, 35 f.
Metallbindung 5, 36, 56
Metalle 5, 13, 24
Metallhydroxid 6, 13, 69

Nachweisreaktionen 19 f., 35, 42 f., 51 ff.
– Aldehydgruppe 52 f.
– Ammoniak, Ammonium-Ionen 17 f., 51, 73
– Chlorid-Ionen 19 f., 51 f.
– Doppelbindung 10 f.
– Hydroxid-Ionen 35
– Sulfat-Ionen 19 f., 42 f., 52
– Wasserstoff-Ionen 19 f., 42 f.
Neutralisation 13, 15, 31 f., 37, 65
Nichtmetalle 23 f.

Oxidation 11 f., 16 f., 19, 31, 42
Oxidationszahlen 16 f., 19, 30 f., 36, 42, 59 ff., 71

Protolyse 13, 19, 36 f.
PSE 35, 59 f.

Reaktion mit Elektronenübergang 7 f., 17, 19
Reaktion mit Protonenübergang 8, 16, 18 f., 61, 73
Reaktionsverlauf 28
Redoxreaktion 11 f., 16 f., 19, 29 ff., 36 f., 60 f., 71
Reduktion 16 f., 19, 31, 42
Rußbildung 46

Salzbildung 7 f.
Salze 33 ff.
Sauerstoff 15, 25, 28, 60
Säure 7 f., 42
Säure-Base-Reaktion 31
Stickstoff 33, 35 f., 57, 60
Substitution 12 f., 29, 37 f., 54

Veresterung 12, 29

Wasserstoff 5, 15, 55, 71 f.

Hinweise und Tipps

1 Die Besondere Leistungsfeststellung

An den Gymnasien in Thüringen nehmen alle Schüler der Klassenstufe 10 an der Besonderen Leistungsfeststellung teil (mit Ausnahme derjenigen Schüler, die bereits einen Realschulabschluss besitzen). Die Besondere Leistungsfeststellung findet in den Fächern Mathematik, Deutsch, erste Fremdsprache sowie nach Wahl des Schülers in einem der Fächer Physik, Chemie oder Biologie in schriftlicher Form statt. Zusätzlich kann in diesen Fächern nach Bekanntgabe der Noten der schriftlichen Leistungsfeststellung und auf Verlangen des Schülers eine mündliche Leistungsfeststellung durchgeführt werden.
Mit der erfolgreichen Teilnahme an der Besonderen Leistungsfeststellung **und** dem Erfüllen der Versetzungsbestimmungen wird dem Schüler am Gymnasium eine dem Realschulabschluss gleichwertige Schulbildung bescheinigt. Der Schüler wird in die Klassenstufe 11 versetzt und tritt damit in die Qualifikationsphase der Thüringer Oberstufe ein.

2 Ablauf und erfolgreiche Teilnahme an der Besonderen Leistungsfeststellung

Die Besondere Leistungsfeststellung findet im zweiten Halbjahr der Klassenstufe 10 (Mai/Juni) statt. Der genaue Termin für die Besondere Leistungsfeststellung wird vom TMBWK (Thüringer Ministerium für Bildung, Wissenschaft und Kultur) festgelegt. Diese Termine sind im Internet veröffentlicht und werden Ihnen auch in der Schule rechtzeitig bekannt gegeben.
Im naturwissenschaftlichen Aufgabenfeld können die Schüler unter den Fächern Biologie, Chemie und Physik wählen. Die Aufgaben für das Fach Chemie werden, wie auch die für die anderen naturwissenschaftlichen Fächer, in Absprache mit den Fachberatern an der Schule oder im Schulamtsbereich erstellt. Die Arbeitszeit beträgt 120 Minuten.
Der Schüler hat erfolgreich an der Besonderen Leistungsfeststellung teilgenommen, wenn er die Bestimmungen zur Versetzung nach der Thüringer Schulordnung erfüllt hat. Das bedeutet im Einzelnen:
– Er hat in allen vier Fächern der Besonderen Leistungsfeststellung mindestens die Note 4 (ausreichend) erhalten **oder**
– in höchstens einem Fach die Note 5 (mangelhaft) bekommen und in den anderen drei Fächern nicht schlechter als mit der Note 4 (ausreichend) abgeschlossen **oder**
– in höchstens zwei Fächern die Note 5 (mangelhaft) erhalten, kann diese beiden Noten aber ausgleichen und hat im Übrigen nicht schlechter als mit der Note 4 (ausreichend) abgeschlossen **oder**
– in höchstens einem Fach die Note 6 (ungenügend) erhalten, kann diese aber ausgleichen und hat in den übrigen Fächern nicht schlechter als mit der Note 4 (ausreichend) abgeschlossen.

Ein Ausgleich für die Besondere Leistungsfeststellung ist
– für je eine Note 5 (mangelhaft) durch eine Note 2 (gut) **oder** durch eine Note 1 (sehr gut),
– für eine Note 6 (ungenügend) durch zwei Noten 2 (gut) **oder** durch eine Note 1 (sehr gut) gegeben.

Erreicht ein Schüler in der schriftlichen Leistungsfeststellung nicht sofort diese Ergebnisse, so ist ein Bestehen nur über die zusätzliche mündliche Leistungsfeststellung in diesen Fächern möglich. Findet in den Fächern der Besonderen Leistungsfeststellung auf Wunsch des Schülers eine mündliche Leistungsfeststellung statt, gehen das Ergebnis der schriftlichen und das Ergebnis der mündlichen Leistungsfeststellung im Verhältnis 2:1 in die Gesamtnote der Besonderen Leistungsfeststellung in diesem Fach ein. Die nach den mündlichen Leistungsfeststellungen erreichten Gesamtnoten müssen dann die Kriterien der Versetzungsbestimmungen erfüllen.

In den Fächern der Besonderen Leistungsfeststellung werden das Ergebnis der gesamten im laufenden Schuljahr erbrachten Leistungen (Jahresfortgangsnote) und das Ergebnis der Leistungsfeststellung zur Ermittlung der Note für das Schuljahr gleich gewichtet.

In den Fächern außerhalb der Besonderen Leistungsfeststellung gelten die Jahresfortgangsnoten als Noten für das Zeugnis. In den Fächern der Besonderen Leistungsfeststellung werden im zweiten Schulhalbjahr der Klassenstufe 10 keine Klassenarbeiten geschrieben.

3 Inhalte der Besonderen Leistungsfeststellung im Fach Chemie

Die Aufgaben der Besonderen Leistungsfeststellung im Fach Chemie beziehen sich auf die im **Thüringer Lehrplan für den Erwerb der allgemeinen Hochschulreife 2012** für die Klassenstufen 9 und 10 ausgewiesenen Kompetenzen. Grundlegende naturwissenschaftliche Fachinhalte und Methoden der Klassenstufen 5 bis 8, die in den Klassenstufen 9 und 10 systematisiert bzw. angewendet werden, können einbezogen werden.

Die Inhalte sind durch folgende Themen beschrieben:

- **Grundwissen Klasse 7/8:**
  - **Chemische Reaktion**
    Merkmale chemischer Reaktionen, Reaktionsarten Redoxreaktion und Neutralisation, stöchiometrische Berechnungen
  - **Chemische Bindungen**
    Vergleich von Bindungsarten, Einschätzen von Bindungsverhältnissen in Molekülen, Bau von Stoffen, Zusammenhang zwischen Struktur und Eigenschaften bei Stoffen
  - **Säuren – Basen – Salze**
    Darstellen, Untersuchen und Vergleichen von sauren und alkalischen Lösungen, Neutralisation und ihre Bedeutung, Salzbildungsreaktionen und Nachweisreaktionen von Ionen (H^+, OH^-, Cl^-, Br^-, I^-)

- **Themen Klasse 9/10:**
  - **Kohlenstoff und Kohlenstoffverbindungen**
    Modifikationen des Kohlenstoffs, Oxide des Kohlenstoffs, Carbonate, Hydrogencarbonate, Nachweis von Kohlenstoffdioxid
    Erdöl/Erdgas als fossile Brennstoffe und Rohstoffe, Alkane und Alkene: Einteilungsprinzipien, Betrachtung einer homologen Reihe, Erkennen wesentlicher Strukturen und Reaktionsarten, Bildung von Makromolekülen an exemplarischen Beispielen
  - **Organische Stoffe mit funktionellen Gruppen**
    Alkanole, -ale, -säuren: Funktionelle Gruppen, Molekülstrukturen – Bau der Stoffe – Eigenschaften (an exemplarischen Beispielen), Nachweisreaktionen, Esterbildung

- **Systematisierung, Stickstoff und Stickstoffverbindungen**
  Atombau, Gesetzmäßigkeiten im PSE, Erweiterung der Redoxreaktion auf Reaktionen mit Elektronenübergang, Oxidationszahlen, Anwenden des Donator-Akzeptor-Prinzips
  Stickstoff und Stickstoffverbindungen, Donator-Akzeptor-Konzept am Beispiel von Protolysen und Redoxreaktionen, Ammoniak-Synthese, Ostwald-Verfahren, Reaktionen der Salpetersäure
  Planen, Durchführen und Protokollieren von Experimenten, Nachweisreaktionen (H_3O^+, OH^-, Ag^+, Ba^{2+}, NH_4^+, Cl^-, Br^-, I^-, SO_4^{2-}, CO_3^{2-}), Reaktionsarten, quantitative Zusammenhänge

4 Bewertung der Besonderen Leistungsfeststellung im Fach Chemie

Die von den Schülern zu bearbeitende Gesamtaufgabe besteht aus einer **Pflichtaufgabe** (P) und einer **Wahlaufgabe** A 1 bzw. A 2, von denen eine zur Bearbeitung ausgewählt werden muss. Für die Pflichtaufgabe und die Wahlaufgabe werden je 20 Bewertungseinheiten (BE) vergeben, sodass die Gesamtzahl der Bewertungseinheiten für die Besondere Leistungsfeststellung 40 BE beträgt.

Besondere Leistungsfeststellung Thüringen 10. Klasse Chemie
Übungsaufgaben

Thema 1: Chemische Bindungen

1. Erklären Sie den Zusammenhang zwischen Bau und Eigenschaften von Stoffen an den Beispielen Kupfer und Natriumchlorid.

2. Vergleichen Sie die Moleküle von Wasserstoff und Chlorwasserstoff.

3. Erklären Sie die elektrische Leitfähigkeit der Reinstoffe sowie der wässrigen Lösungen von Kaliumhydroxid, Kaliumbromid und Bromwasserstoff.

4. Iod ist bei Zimmertemperatur ein blauschwarz glänzender Feststoff.
   Beschreiben Sie, wie man experimentell nachweisen kann, dass Iod trotz dieser metallähnlichen Eigenschaften kein Metall ist.

Thema 2: Säuren – Basen – Salze

5. Beschreiben Sie je eine Möglichkeit zur Darstellung von Calciumhydroxid und schwefliger Säure.

6. Beschreiben Sie drei Möglichkeiten zur Darstellung von Magnesiumchlorid.

7. Die Stoffe Chlorwasserstoff und Salzsäure werden meist mit der gleichen Formel HCl dargestellt. Erläutern Sie Unterschiede zwischen Chlorwasserstoff und Salzsäure.

Thema 3: Kohlenstoff und Kohlenstoffverbindungen

8. Kohlenstoff tritt in verschiedenen Modifikationen auf.
   a) Vergleichen Sie die Verbrennung von Grafit und Diamant und geben Sie die Reaktionsgleichungen für diese Reaktionen an.
   b) Stellen Sie den Zusammenhang zwischen Bau und Eigenschaften von Stoffen am Beispiel von Grafit und Diamant dar.

9. Carbonate und Hydrogencarbonate haben ähnliche Eigenschaften. Bei der thermischen Zersetzung entsteht Kohlenstoffdioxid. Auch bei der Reaktion mit Säuren wird Kohlenstoffdioxid freigesetzt.
   Geben Sie die Wort- und Formelgleichungen für folgende Reaktionen an:
   a) Calciumcarbonat wird erhitzt.
   b) Calciumhydrogencarbonat wird erhitzt.
   c) Calciumcarbonat reagiert mit Salpetersäure.
   d) Calciumhydrogencarbonat reagiert mit Salpetersäure.

10 Entwickeln Sie die Reaktionsgleichungen zur Verbrennung von Butan und Ethanol.

11 Entwickeln Sie die Strukturformeln von vier Isomeren der Verbindung C_9H_{20} und geben Sie die Namen an.

12 Planen Sie ein Experiment zur Unterscheidung von reinem Octan und Benzin.

Thema 4: Organische Stoffe mit funktionellen Gruppen

13 Erklären Sie die Merkmale von Additions- und Eliminierungsreaktionen am Beispiel der umkehrbaren Reaktion von Ethen mit Wasser zu Ethanol.

14 Das folgende Schema zeigt mögliche Reaktionen von Propan-1-ol:

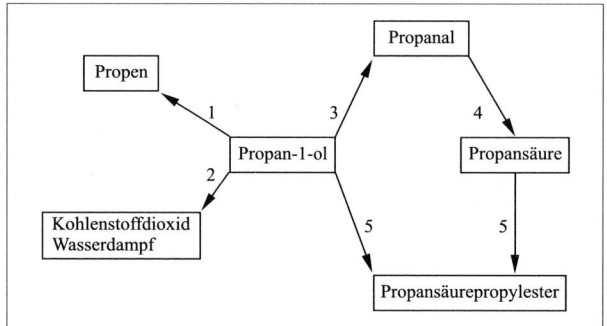

a) Entwickeln Sie die Reaktionsgleichungen 1 bis 5 und geben Sie die Reaktionsarten an.

b) Beurteilen Sie mithilfe der Strukturformel für Propan-2-ol (Isopropanol), welche der Reaktionen auch mit diesem Alkohol möglich sind.

15 Vergleichen Sie die Essigsäure CH_3COOH und Chlorwasserstoff HCl.

16 Vergleichen Sie die Reaktionen von Ethansäure mit
a) Natriumhydroxid-Lösung bzw.
b) Methanol.

17 Bei organischen Stoffen gibt es häufig Isomere. Schreiben Sie die Strukturformeln für folgende Stoffe und geben Sie die Namen an:
Alkane: C_5H_{12}
Alkanole: $C_4H_{10}O$

Thema 5: Merkmale chemischer Reaktionen

18. Beschreiben Sie die Merkmale der chemischen Reaktion bei der Synthese von Wasser aus den Elementen.

19. Beschreiben Sie die Teilchenänderung am Beispiel der Neutralisation von verdünnter Natronlauge mit verdünnter Schwefelsäure.

20. Nennen Sie die Aussagen einer Reaktionsgleichung an den folgenden Beispielen:
    a) $2\,Na + Cl_2 \longrightarrow 2\,NaCl$
    b) $2\,H_2 + O_2 \longrightarrow 2\,H_2O$
    c) $2\,Mg + O_2 \longrightarrow 2\,MgO$

Thema 6: Donator-Akzeptor-Prinzip, Reaktionen mit Protonenübergang, Redoxreaktionen

21. Die Gase Ammoniak und Chlorwasserstoff lösen sich sehr gut in Wasser. Geben Sie für diese beiden Reaktionen die Reaktionsgleichungen an und erläutern Sie an diesen Beispielen das Donator-Akzeptor-Prinzip.

22. Bestimmen Sie alle Oxidationszahlen der in den folgenden Gleichungen auftretenden Teilchen. Bei welchen Reaktionen handelt es sich um Redoxreaktionen?
    a) $Ca + 2\,C_2H_5COOH \longrightarrow Ca(C_2H_5COO)_2 + H_2$
    b) $CaO + 2\,HCOOH \longrightarrow Ca(HCOO)_2 + H_2O$
    c) $C_3H_7OH + CuO \longrightarrow C_2H_5CHO + H_2O + Cu$
    d) $CuO + 2\,HCl \longrightarrow CuCl_2 + H_2O$
    e) $Cu + 4\,HNO_3 \longrightarrow Cu(NO_3)_2 + 2\,NO_2 + 2\,H_2O$
    f) $NH_3 + HNO_3 \longrightarrow NH_4NO_3$

23. Erläutern Sie am Beispiel der Reaktion von Magnesium mit Salzsäure die Merkmale einer Redoxreaktion und beschreiben Sie das Donator-Akzeptor-Prinzip.

Thema 7: Stickstoff und Stickstoffverbindungen

24. Planen Sie den Nachweis von Ammonium-Ionen.
    Erläutern Sie an diesem Beispiel die Reaktionsart „Reaktion mit Protonenübergang".

25. Beschreiben Sie den Einfluss der Temperatur und des Drucks auf die Ammoniak-Synthese.

26. Ammoniak kann sowohl mit Chlorwasserstoff als auch mit Sauerstoff reagieren. Vergleichen Sie an diesen beiden Reaktionen die Protolyse- und die Redoxreaktion.

Thema 8: Systematisierung

27 Planen Sie ein Experiment zur Unterscheidung von Natriumchlorid-Lösung, Salzsäure, Salpetersäure und Schwefelsäure.

28 Bei der Verbrennung von Propangas im Campingkocher entstehen Kohlenstoffdioxid und Wasserdampf gemäß folgender Reaktionsgleichung:

$$C_3H_8 + 5\,O_2 \longrightarrow 3\,CO_2 + 4\,H_2O$$

a) Berechnen Sie, welches Volumen Sauerstoff unter Normbedingungen erforderlich ist, um 220 g Propan (eine Kartuschenfüllung) zu verbrennen.

b) Berechnen Sie das Volumen des entstehenden Kohlenstoffdioxids.

29 Beschreiben Sie die Änderung der Eigenschaften der Halogene sowie die der Elemente der 3. Periode.

Lösungen

1 **Kupfer** ist ein Metall und besitzt eine metallische Kristallstruktur. Kupfer-Atome (Cu) sind in dichtester Kugelpackung angeordnet. Die beiden Valenzelektronen (2 e$^-$) dieser Kupfer-Atome sind im Metallgitter frei beweglich („Elektronenwolke"). Die elektrostatische Anziehung besteht zwischen den Kupfer-Kationen und den frei beweglichen Elektronen. Es liegt eine Metallbindung vor. Beim Anlegen einer Spannung an das Metall erfolgt eine gerichtete Bewegung der frei beweglichen Elektronen vom negativen zum positiven Pol, Strom fließt durch das Metall. Kupfer leitet den elektrischen Strom sehr gut. Metall-Kristalle haben hohe Schmelz- und Siedetemperaturen. Eine hohe Energie ist erforderlich, um die starken elektrostatischen Anziehungskräfte zwischen den frei beweglichen Elektronen und den Kupfer-Ionen zu überwinden und ihnen so das Verlassen der Gitterplätze zu ermöglichen. Kupfer ist schmiedbar. Durch mechanische Einwirkung können die Gitterplätze der Kupfer-Ionen (Atomrümpfe) verändert werden. Da die Elektronen frei beweglich sind und keine festen Gitterplätze einnehmen, werden die Anziehungskräfte nur unwesentlich beeinflusst.
Natriumchlorid (Kochsalz) ist eine Ionensubstanz, die aus positiven Natrium-Ionen (Na$^+$) und negativen Chlorid-Ionen (Cl$^-$) besteht. Zwischen den unterschiedlich elektrisch geladenen Ionen wirken starke elektrostatische Anziehungskräfte in alle Richtungen des Raumes. Es entstehen Ionen-Kristalle (Natriumchlorid-Kristalle).
Ionen-Kristalle haben hohe Schmelz- und Siedetemperaturen. Eine hohe Energie ist erforderlich, um die starken elektrostatischen Anziehungskräfte im Ionen-Kristall zu überwinden und den Ionen das Verlassen der Gitterplätze zu ermöglichen, sodass die Ionen z. B. in der Schmelze frei beweglich sind. Natriumchlorid ist gut wasserlöslich, weil die Wasser-Moleküle als Dipole die elektrostatische Anziehung der Ionen stören und um die Ionen Hydrathüllen („aq") bilden können:
NaCl (s) $\longrightarrow$ Na$^+$ (aq) + Cl$^-$ (aq)

2 **Gemeinsamkeiten:** Wasserstoff und Chlorwasserstoff bestehen aus zweiatomigen, linear gebauten Molekülen mit Elektronenpaarbindung (Atombindung).
Unterschiede: Wasserstoff-Moleküle bestehen aus zwei gleichen Atomen, die das bindende Elektronenpaar gleich stark anziehen, sodass ein **unpolares** Molekül entsteht.
Chlorwasserstoff-Moleküle bestehen aus unterschiedlichen Atomen, die das bindende Elektronenpaar verschieden stark anziehen und so eine **polare** Atombindung im Molekül bewirken. Die Moleküle sind demzufolge Dipol-Moleküle (Dipole).
Das Maß für die Anziehung der Atome auf die Bindungselektronen ist der Elektronegativitätswert (EN). EN(H): 2,1; EN(Cl): 3,0; d. h., im Chlorwasserstoff-Molekül zieht das Chlor-Atom das bindende Elektronenpaar stärker an als das Wasserstoff-Atom, sodass das Chlor-Atom im Molekül den negativen Pol bildet.

Formeln in Elektronenschreibweise: $\overset{\delta+}{H} — \overset{\delta-}{\underline{\overline{Cl}}}|$ H — H

3 Stoffe leiten den elektrischen Strom, wenn frei bewegliche Ladungsträger vorhanden sind. Die angegebenen Beispiele sind keine Metalle, es sind also keine frei beweglichen Elektronen vorhanden.
Die Ionensubstanzen Kaliumhydroxid und Kaliumbromid leiten in der Schmelze und in wässriger Lösung den elektrischen Strom, weil frei bewegliche Ionen vorliegen. Die Feststoffe sind nicht elektrisch leitfähig.
Bromwasserstoff besteht aus Molekülen und leitet nur in wässriger Lösung den elektrischen Strom.

Die folgende Tabelle stellt diese Befunde nochmals zusammen:

	Reinstoff bei Zimmertemperatur	flüssiger Reinstoff	wässrige Lösung Dissoziation
KOH	Ionen-Kristall, fest keine frei beweglichen Ionen **keine elektrische Leitfähigkeit**	Schmelze ab 360 °C frei bewegliche Ionen KOH $\longrightarrow$ K$^+$ + OH$^-$ **gute elektrische Leitfähigkeit**	KOH $\longrightarrow$ K$^+$ + OH$^-$ frei bewegliche Ionen **gute elektrische Leitfähigkeit**
KBr	Ionen-Kristall, fest keine frei beweglichen Ionen **keine elektrische Leitfähigkeit**	Schmelze ab 732 °C frei bewegliche Ionen KBr $\longrightarrow$ K$^+$ + Br$^-$ **gute elektrische Leitfähigkeit**	KBr $\longrightarrow$ K$^+$ + Br$^-$ frei bewegliche Ionen **gute elektrische Leitfähigkeit**
HBr	Gas Moleküle **keine elektrische Leitfähigkeit**	flüssig bei −67 °C bis −87 °C Moleküle **keine elektrische Leitfähigkeit**	HBr $\longrightarrow$ H$^+$ + Br$^-$ frei bewegliche Ionen **gute elektrische Leitfähigkeit**

4 Beim Erwärmen von Iodkristallen in einem verschlossenen Reagenzglas entstehen violette Dämpfe. An den kälteren Stellen am oberen Reagenzglasrand entstehen wieder kleine, dunkle, glänzende Kristalle. Iod verdampft im Gegensatz zu Metallen bei Temperaturen, die durch die Handwärme um das Reagenzglas schon erreicht werden können. Die Ioddämpfe bestehen aus unpolaren zweiatomigen Molekülen. Bei Iod im festen Zustand sind die Iod-Moleküle in räumlich regelmäßig gebauten Kristallgittern angeordnet. Untersucht man Iod im festen Aggregatzustand und ein Metall wie z. B. Kupfer auf elektrische Leitfähigkeit, so stellt man fest, dass Iod den elektrischen Strom im Gegensatz zum Metall nicht leitet.

5 **Darstellung von Calciumhydroxid:**
Calciumhydroxid ist ein Metallhydroxid und kann z. B. auf folgendem Weg gebildet werden:

Metalloxid + Wasser $\longrightarrow$ Metallhydroxid-Lösung

Calciumoxid + Wasser $\longrightarrow$ Calciumhydroxid-Lösung

Reaktionsgleichungen:

$CaO + H_2O \longrightarrow Ca(OH)_2$

$Ca(OH)_2 \rightleftharpoons Ca^{2+} + 2\,OH^-$

Experimentelle Durchführung:
Auf einer Uhrglasschale werden zu einer Spatelspitze Calciumoxid mit einer Pipette etwa 2 mL Wasser getropft (Vorsicht: **Schutzbrille tragen!**). Die entstandene Aufschlämmung wird mit Unitestpapier geprüft. Aufgrund des Überschusses an Hydroxid-Ionen in der wässrigen Lösung muss sich Unitest blau färben.

Darstellung von schwefliger Säure:
Schweflige Säure kann z. B. auf folgendem Weg gebildet werden:
Nichtmetalloxid + Wasser ⟶ Säure-Lösung
Schwefeldioxid + Wasser ⟶ schweflige Säure

Reaktionsgleichungen:
$SO_2 + H_2O \longrightarrow H_2SO_3$
$H_2SO_3 \rightleftharpoons 2\,H^+ + SO_3^{2-}$

Experimentelle Durchführung:
– Verbrennung einer Spatelspitze Schwefel im Verbrennungslöffel, der in einem Stopfen steckt:
$S + O_2 \longrightarrow SO_2$
– Eintauchen des brennenden Schwefels auf dem Verbrennungslöffel in einen Erlenmeyerkolben mit etwas Wasser auf dem Boden (ca. 1 cm hoch), mit dem Stopfen verschließen und warten, bis die weitere Gasbildung (weiße Nebel) im Erlenmeyerkolben zum Erliegen kommt.
– Durch Schütteln wird das Gas dann im Wasser gelöst.
– Die wässrige Lösung wird mit Unitestpapier geprüft und muss sich aufgrund des Überschusses an Hydronium-Ionen (an Wasser-Moleküle gebundene Wasserstoff-Ionen) rot färben.

6   Nach den allgemeinen Salzbildungswegen kann **Magnesiumchlorid** z. B. aus Salzsäure durch Zugabe von Magnesium (a) oder Magnesiumhydroxid (b) gebildet werden, wobei Wasserstoff bei der Reaktion von Magnesium mit Salzsäure freigesetzt wird. Bei der Reaktion von Magnesiumhydroxid mit Salzsäure entsteht neben Magnesiumchlorid-Lösung noch Wasser. Magnesium kann allerdings auch direkt mit Chlor zu Magnesiumchlorid reagieren (c). Weiterhin reagieren auch Magnesiumoxid (d) und Magnesiumcarbonat (e) mit Salzsäure unter Bildung von Magnesiumchlorid-Lösung. Will man festes Magnesiumchlorid darstellen, müssen die wässrigen Lösungen jeweils eingedampft werden.

Im Allgemeinen werden Säure-Lösungen als Reaktionspartner zur Salzbildung angegeben, z. B. Salpetersäure-Lösung oder verdünnte Salpetersäure HNO_3 (aq). Salzsäure ist eine Lösung von Chlorwasserstoff-Gas in Wasser, HCl (aq). Deshalb verwendet man in diesem Fall nicht den Begriff „Salzsäure-Lösung", sondern einfach nur „Salzsäure". Von den fünf aufgeführten Möglichkeiten sind drei zu wählen.

a) **Metall + Säure-Lösung** ⟶ **Salz-Lösung + Wasserstoff**
Magnesium + Salzsäure ⟶ Magnesiumchlorid-Lsg. + Wasserstoff
$Mg + 2\,HCl \longrightarrow MgCl_2 + H_2$
$Mg + 2\,H^+ + 2\,Cl^- \longrightarrow Mg^{2+} + 2\,Cl^- + H_2$

Reaktion mit Elektronenübergang:
Elektronenabgabe: $Mg \longrightarrow Mg^{2+} + 2\,e^-$
Elektronenaufnahme: $2\,H^+ + 2\,e^- \longrightarrow H_2$

b) **Metallhydroxid + Säure-Lösung** ⟶ **Salz-Lösung + Wasser**
Magnesiumhydroxid + Salzsäure ⟶ Magnesiumchlorid-Lsg. + Wasser
$Mg(OH)_2 + 2\,HCl \longrightarrow MgCl_2 + 2\,H_2O$
$Mg^{2+} + 2\,OH^- + 2\,H^+ + 2\,Cl^- \longrightarrow Mg^{2+} + 2\,Cl^- + 2\,H_2O$

Reaktion mit Protonenübergang:
Protonenabgabe: $2\,HCl \longrightarrow 2\,H^+ + 2\,Cl^-$
Protonenaufnahme: $2\,OH^- + 2\,H^+ \longrightarrow 2\,H_2O$

c) **Metall + Nichtmetall (Halogen)** ⟶ **Salz**
Magnesium + Chlor ⟶ Magnesiumchlorid
$Mg + Cl_2 \longrightarrow MgCl_2$
$Mg + Cl_2 \longrightarrow Mg^{2+} + 2\,Cl^-$

Reaktion mit Elektronenübergang:
Elektronenabgabe: $Mg \longrightarrow Mg^{2+} + 2\,e^-$
Elektronenaufnahme: $Cl_2 + 2\,e^- \longrightarrow 2\,Cl^-$

d) **Metalloxid + Säure-Lösung** ⟶ **Salz-Lösung + Wasser**
Magnesiumoxid + Salzsäure ⟶ Magnesiumchlorid-Lsg. + Wasser
$MgO + 2\,HCl \longrightarrow MgCl_2 + H_2O$
$MgO + 2\,H^+ + 2\,Cl^- \longrightarrow Mg^{2+} + 2\,Cl^- + H_2O$

Reaktion mit Protonenübergang:
Protonenabgabe: $2\,HCl \longrightarrow 2\,H^+ + 2\,Cl^-$
Protonenaufnahme: $MgO + 2\,H^+ \longrightarrow Mg^{2+} + H_2O$
oder: $O^{2-} + 2\,H^+ \longrightarrow H_2O$

e) **Metallcarbonat + Säure-Lösung** ⟶ **Salz-Lösung + Kohlenstoffdioxid + Wasser**
Magnesiumcarbonat + Salzsäure ⟶ Magnesiumchlorid-Lsg. + Kohlenstoffdioxid + Wasser
$MgCO_3 + 2\,HCl \longrightarrow MgCl_2 + CO_2 + H_2O$
$MgCO_3 + 2\,H^+ + 2\,Cl^- \longrightarrow Mg^{2+} + 2\,Cl^- + CO_2 + H_2O$

Reaktion mit Protonenübergang:
Protonenabgabe: $2\,HCl \longrightarrow 2\,H^+ + 2\,Cl^-$
Protonenaufnahme: $MgCO_3 + 2\,H^+ \longrightarrow Mg^{2+} + CO_2 + H_2O$
oder: $CO_3^{2-} + 2\,H^+ \longrightarrow CO_2 + H_2O$

Chlorwasserstoff HCl	**Salzsäure HCl**
Reinstoff	wässrige Lösung des Gases
Gas	Dissoziation
Moleküle	Ionen

Chlorwasserstoff ist ein farbloses Gas, das aus Molekülen aufgebaut ist.

Das Gas ist sehr gut in Wasser löslich. Dabei reagieren die Chlorwasserstoff-Moleküle mit Wasser fast vollständig zu Hydronium-Ionen und Chlorid-Ionen. Diese wässrige Lösung ist Salzsäure.

Chlorwasserstoff $\qquad$ Salzsäure

$HCl_{(g)} + H_2O_{(l)} \rightleftharpoons H_3O^+_{(aq)} + Cl^-_{(aq)}$

Vereinfacht kann man den Vorgang auch als Dissoziation darstellen:
$HCl_{(g)} \rightleftharpoons H^+_{(aq)} + Cl^-_{(aq)}$

8 a) Die Modifikationen Grafit und Diamant sind jeweils reiner Kohlenstoff. Bei der Verbrennung entsteht in beiden Fällen Kohlenstoffdioxid. Die Entzündungstemperatur (bzw. die Aktivierungsenergie) ist bei der Verbrennung von Diamant höher.

Reaktionsgleichung für beide Reaktionen:
$C + O_2 \longrightarrow CO_2$

b) Zusammenhang zwischen Bau und Eigenschaften:

Grafit – Bau
– ein Kohlenstoff-Atom bindet drei weitere Kohlenstoff-Atome
– unpolare Atombindung
– Anordnung der Atome in Schichten
– zwischen den Schichten geringe Anziehungskräfte
– zwischen den Schichten liegen frei bewegliche Elektronen

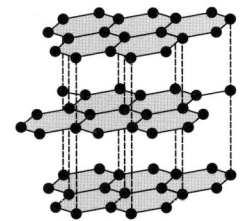

Grafit – Eigenschaften
Grafit ist weich und schuppig, weil die Schichten gegeneinander verschiebbar sind. Die frei beweglichen Elektronen verursachen seine elektrische Leitfähigkeit.

Diamant – Bau
– ein Kohlenstoff-Atom bindet vier weitere Kohlenstoff-Atome
– unpolare Atombindung
– räumliche, regelmäßige Anordnung durch vier Bindungen
– Tetraeder-Struktur, sehr starke Anziehungskräfte
– keine frei beweglichen Elektronen

Diamant – Eigenschaften
Diamant ist äußerst hart, weil die Kohlenstoff-Atome in einem regelmäßigen, stabilen Raumgitter angeordnet sind. Es treten keine Schichten und keine frei beweglichen Ladungsträger auf. Deshalb sind Diamanten nicht elektrisch leitfähig.

9 a) Calciumcarbonat $\longrightarrow$ Calciumoxid + Kohlenstoffdioxid

$CaCO_3 \longrightarrow CaO + CO_2$

b) Calciumhydrogencarbonat $\longrightarrow$ Calciumoxid + Kohlenstoffdioxid + Wasser

$Ca(HCO_3)_2 \longrightarrow CaO + 2\,CO_2 + H_2O$

c) Calcium- + Salpetersäure ⟶ Calcium- + Kohlenstoff- + Wasser
carbonat   nitrat   dioxid
$CaCO_3$ + $2\,HNO_3$ ⟶ $Ca(NO_3)_2$ + CO_2 + H_2O

d) Calciumhydro- + Salpeter- ⟶ Calcium- + Kohlenstoff- + Wasser
gencarbonat   säure   nitrat   dioxid
$Ca(HCO_3)_2$ + $2\,HNO_3$ ⟶ $Ca(NO_3)_2$ + $2\,CO_2$ + $2\,H_2O$

10 Reaktionsgleichungen zur Verbrennung von
Butan: $2\,C_4H_{10} + 13\,O_2 \longrightarrow 8\,CO_2 + 10\,H_2O$
Ethanol: $C_2H_5OH + 3\,O_2 \longrightarrow 2\,CO_2 + 3\,H_2O$

11 Vier **Isomere** von Nonan C_9H_{20}:

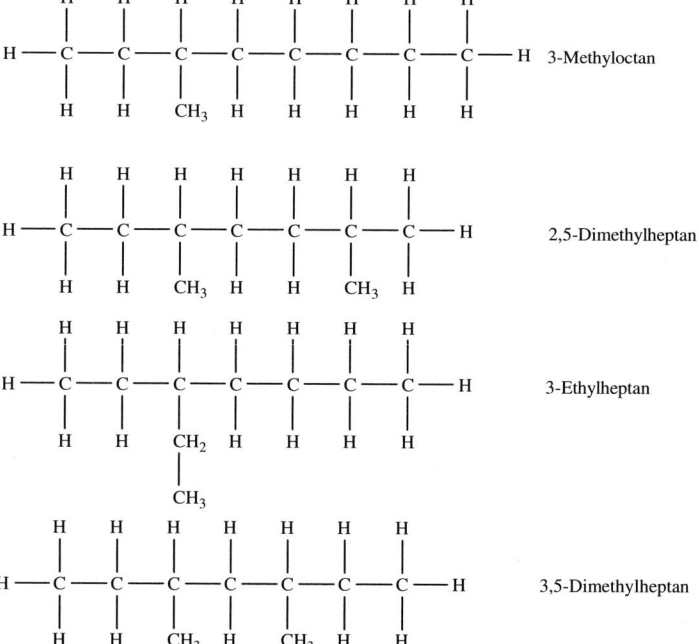

12 Reines Octan enthält nur Moleküle mit Einfachbindungen. Benzin ist ein Gemisch von Kohlenwasserstoffen, in dem u. a. auch Alkene enthalten sind, wie z. B. Octen. Deshalb kann man Octan und Benzin durch Nachweis von Mehrfachbindungen unterscheiden.

– **Variante 1**
Je 2 mL Benzin und Octan werden mit 1 mL Bromwasser geschüttelt. Bei Benzin tritt sofort eine Entfärbung des Bromwassers ein. Brom wird vom Alken addiert.
In Octan löst sich das Brom zunächst, die gelbe Farbe bleibt erhalten. Erst nach längerer Zeit kann UV-Licht eine Substitution verursachen, wodurch ebenfalls Entfärbung auftritt. Hierbei entsteht als Nebenprodukt Bromwasserstoff.

Geräte: Reagenzglasgestell, 2 Reagenzgläser mit Stopfen, Pipetten
Chemikalien: Octan, Benzin, Bromwasser

– **Variante 2**
Nachweis der Doppelbindung mit Bayers Reagens (alkalische Kaliumpermanganat-Lösung): Je 2 mL Benzin und Octan werden mit 1 mL Bayers Reagens geschüttelt. Bei Benzin tritt sofort Braunfärbung auf, damit sind die Doppelbindungen nachgewiesen. Bei Octan ist keine Veränderung erkennbar.

Geräte: Reagenzglasgestell, 2 Reagenzgläser mit Stopfen, Pipetten
Chemikalien: Octan, Benzin, Bayers Reagens

– **Variante 3**
Der Nachweis erfolgt über die Methode der Siedetemperaturbestimmung. Bei Octan kann die Siedetemperatur von 85 °C genau bestimmt werden. Benzin hat einen Siedebereich, z. B. von 80 bis 110 °C. Das Stoffgemisch hat keine genaue Siedetemperatur.

Geräte: Rundkolben, Thermometer, Heizgerät
Chemikalien: Octan, Benzin

13 Ethen + Wasser $\rightleftharpoons$ Ethanol

$$H_2C=CH_2 + H-OH \underset{\text{Eliminierung}}{\overset{\text{Addition}}{\rightleftharpoons}} H_3C-CH_2-OH$$

Addition: Mehrere Moleküle des Ausgangsstoffes reagieren zu einem Molekül Reaktionsprodukt, Mehrfachbindungen werden gespalten, die Addition verläuft meist exotherm. Bei dieser Reaktion reagieren zwei Moleküle Ausgangsstoff, Ethen und Wasser, zu einem Molekül Ethanol, dem Reaktionsprodukt. Dabei lagert sich ein Wasserstoff-Atom an das erste Kohlenstoff-Atom, an das zweite Kohlenstoff-Atom eine Hydroxylgruppe an. Die Doppelbindung im Ethen-Molekül wird gespalten, bei der exothermen Reaktion wird Wärme abgegeben.

Die Rückreaktion ist eine **Eliminierung:** Aus einem Molekül Ausgangsstoff entstehen mehrere Moleküle Reaktionsprodukt, Mehrfachbindungen werden gebildet, Eliminierungen verlaufen meist endotherm. Aus der Einfachbindung im Ethanol-Molekül wird durch Abspaltung des Wasser-Moleküls eine Doppelbindung zwischen den Kohlenstoff-Atomen.
Bei dieser Reaktion ist die Aufnahme von Wärme erforderlich, die Bildung von Ethen und Wasser verläuft endotherm.

14 a) Reaktionsgleichungen und Reaktionsarten:

  (1) $CH_3-CH_2-CH_2OH \rightleftharpoons CH_3-CH=CH_2 + H_2O$
     Eliminierung

  (2) $2\,CH_3-CH_2-CH_2OH + 9\,O_2 \longrightarrow 6\,CO_2 + 8\,H_2O$
     Oxidation/Redoxreaktion

  (3) $CH_3-CH_2-CH_2OH \rightleftharpoons CH_3-CH_2-CHO + H_2$
     Eliminierung
     oder:
     $CH_3-CH_2-CH_2OH + CuO \longrightarrow CH_3-CH_2-CHO + Cu + H_2O$
     Oxidation/Redoxreaktion

(4) 2 CH₃–CH₂–CHO + O₂ ⟶ 2 CH₃–CH₂–COOH
Oxidation/Redoxreaktion
oder:
CH₃–CH₂–CHO + CuO ⟶ CH₃–CH₂–COOH + Cu
Oxidation/Redoxreaktion

(5) C_2H_5–$COOH$ + HOC_3H_7 ⇌ C_2H_5–COO–C_3H_7 + **H₂O**
Substitution/Kondensation/Veresterung

b) Strukturformel von Propan-2-ol:
Die Hydroxylgruppe ist an das zweite Kohlenstoff-Atom gebunden:

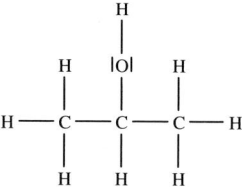

Die Reaktion 1 ist auch mit Propan-2-ol möglich, durch Wasserabspaltung entsteht Propen:

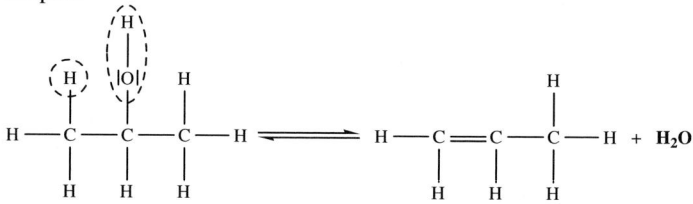

Auch die vollständige Verbrennung zu Kohlenstoffdioxid und Wasserdampf (Reaktion 2) ist möglich, bei dieser Reaktion ist die Anordnung der Atome nicht von Bedeutung.
Die Reaktion 3 ist nicht möglich. Bei der Bildung einer Aldehydgruppe muss die Hydroxylgruppe am ersten Kohlenstoff-Atom gebunden sein.
Die Veresterung (Reaktion 5) ist zwar möglich, führt aber zu einem anderen Reaktionsprodukt.

15 **Gemeinsamkeiten:** Chlorwasserstoff und Essigsäure gehören zu den Säuren. Darauf beruhen gleiche Eigenschaften und Reaktionen:
– Reaktion mit Wasser bzw. Dissoziation, Bildung einer sauren Lösung

CH_3COOH + H_2O ⇌ H_3O^+ + CH_3COO^-
CH_3COOH ⇌ H^+ + CH_3COO^-
HCl + H_2O ⇌ H_3O^+ + Cl^-
HCl ⇌ H^+ + Cl^-

– Indikatorreaktion
Färbung eines Universalindikators: rot, Färbung mit Bromthymolblau: gelb

- Elektrische Leitfähigkeit
Die reinen Stoffe sind Molekülsubstanzen und leiten den elektrischen Strom nicht. In den wässrigen Lösungen liegen frei bewegliche Ionen vor, deshalb leiten die Lösungen den elektrischen Strom.
- Die sauren Lösungen reagieren mit unedlen Metallen (Me), Metallhydroxiden und Carbonaten.

$Me + 2\,H^+ \longrightarrow Me^{2+} + H_2$ (Me z. B. Calcium)
$OH^- + H^+ \longrightarrow H_2O$
oder:
$OH^- + H_3O^+ \longrightarrow 2\,H_2O$
$CO_3^{2-} + 2\,H^+ \longrightarrow CO_2 + H_2O$

Unterschiede: Die Unterschiede beruhen im Wesentlichen auf den physikalischen Stoffdaten und auf den verschiedenen Säurerest-Ionen.

	Essigsäure	Chlorwasserstoff
Molare Masse	60 g · mol^{-1}	36,5 g · mol^{-1}
Aggregatzustand des reinen Stoffes bei 25 °C	flüssig	gasförmig
Schmelztemperatur	16,6 °C	–112 °C
Dichte bei 25 °C	1,05 g · L^{-1}	0,00163 g · L^{-1}
Säurerest-Ion	Acetat-Ion, CH_3COO^-	Chlorid-Ion, Cl^-
Name der Salze	Acetate	Chloride
Esterbildung	möglich	nicht möglich

16 **Gemeinsamkeiten:** Bei beiden Reaktionen entsteht Wasser als ein Produkt. Ethansäure ist bei beiden Reaktionen das Edukt.

Unterschied: Reaktionsart

a) Die Reaktion mit Natriumhydroxid-Lösung ist eine Neutralisation (Protolyse):
$NaOH + CH_3COOH \longrightarrow CH_3COONa + H_2O$
$Na^+ + OH^- + CH_3COO^- + H^+ \longrightarrow CH_3COO^- + Na^+ + H_2O$
(Ionenreaktion in wässriger Lösung)
Das Wasser entsteht dabei aus den Wasserstoff-Ionen (Hydronium-Ionen) der Ethansäure-Lösung und den Hydroxid-Ionen der Natriumhydroxid-Lösung:
$OH^- + H^+ \longrightarrow H_2O$

b) Die Reaktion mit Methanol ist eine Kondensation (Substitution):
$CH_3COOH + CH_3OH \longrightarrow CH_3COOCH_3 + H_2O$

Austausch von Atomen bzw. Atomgruppen zwischen den Molekülen der Edukte.
Das Wasser entsteht dabei aus dem Wasserstoff-Atom der Hydroxylgruppe des Alkanols und der OH-Gruppe der Carboxylgruppe:
$H\cdot + \cdot OH \longrightarrow H_2O$

17 Strukturformeln und Namen der **Isomere**:

```
      H    H    H    H    H
      |    |    |    |    |
  H — C  — C  — C  — C  — C — H       Pentan
      |    |    |    |    |            (n-Pentan)
      H    H    H    H    H
```

```
      H    CH₃   H    H
      |    |    |    |
  H — C  — C  — C  — C — H            Methylbutan
      |    |    |    |                 (2-Methylbutan)
      H    H    H    H
```

```
      H    CH₃   H
      |    |    |
  H — C  — C  — C — H                 Dimethylpropan
      |    |    |                      (2,2-Dimethylpropan)
      H    CH₃  H
```

```
      H    H    H    H
      |    |    |    |
  H — C  — C  — C  — C — O — H        Butan-1-ol
      |    |    |    |
      H    H    H    H
```

```
      H    H    H    H
      |    |    |    |
  H — C  — C  — C  — C — H            Butan-2-ol
      |    |    |    |
      H    |O|  H    H
           |
           H
```

```
      H    CH₃   H
      |    |    |
  H — C  — C  — C — O — H             2-Methylpropan-1-ol
      |    |    |
      H    H    H
```

```
      H    CH₃   H
      |    |    |
  H — C  — C  — C — H                 2-Methylpropan-2-ol
      |    |    |
      H    |O|  H
           |
           H
```

Manchmal sind verschiedene Namen parallel in Gebrauch.

18 **Synthese von Wasser:**

$2 H_2 + O_2 \longrightarrow 2 H_2O$

Chemische Reaktionen sind durch folgende Merkmale gekennzeichnet:
– Stoffumwandlung verbunden mit Energieumwandlung
– Umgruppierung der Teilchen, Spaltung und Neubildung chemischer Bindungen

Stoffumwandlung: Aus den beiden farblosen Gasen Wasserstoff, der brennbar ist, und Sauerstoff, der die Verbrennung fördert, entsteht Wasserdampf, der sofort an der Gefäßwand kondensiert, also wesentlich höher siedet als die gasförmigen Edukte.

Energieumwandlung: Ein Funken führt beim Gemisch der Ausgangsgase zur Knallgasreaktion unter Wasserbildung. Die Reaktion setzt Wärme frei und ist exotherm.

Umgruppierung der Teilchen verbunden mit der Spaltung und Neuausbildung chemischer Bindungen: Bei der Aktivierung werden die Atombindungen (unpolar) der Wasserstoff- und Sauerstoff-Moleküle gelockert, sodass sich bei der Umsetzung zwischen je einem Sauerstoff-Atom und zwei Wasserstoff-Atomen eine neue Atombindung ausbildet und Wasser-Moleküle entstehen. Da diese Atombindungen polar sind (Sauerstoff-Atome ziehen die gemeinsamen Elektronenpaare stärker an als Wasserstoff-Atome) und die Wasser-Moleküle gewinkelt sind, bilden Wasser-Moleküle Dipole.

19 **Umgruppierung der Teilchen bei der Neutralisation:** Bei der Neutralisation von verdünnter Natronlauge mit verdünnter Schwefelsäure reagieren die Hydroxid-Ionen der Natronlauge mit den Hydronium-Ionen der verdünnten Schwefelsäure zu Wasser. Die Natrium-Ionen und die Sulfat-Ionen bleiben in der Lösung.

$2 NaOH + H_2SO_4 \rightleftharpoons Na_2SO_4 + 2 H_2O$

Ionengleichung zur Darstellung der Teilchen in der Lösung:

$2 Na^+ + 2 OH^- + 2 H^+ + SO_4^{2-} \rightleftharpoons 2 Na^+ + SO_4^{2-} + 2 H_2O$

verkürzte Ionengleichung, die nur die Teilchenänderung in der Lösung darstellt:

$2 OH^- + 2 H^+ \rightleftharpoons 2 H_2O$

Da Wasserstoff-Ionen in der Lösung als Hydronium-Ionen vorliegen, gilt auch:

$2 OH^- + 2 H_3O^+ \rightleftharpoons 4 H_2O$

20 a) Natrium reagiert mit Chlor zu Natriumchlorid:

2 Atome Natrium	+ 1 Molekül Chlor	$\longrightarrow$	2 Baueinheiten Natriumchlorid
2 mol Natrium	+ 1 mol Chlor	$\longrightarrow$	2 mol Natriumchlorid
46 g Natrium	+ 22,4 L Chlor (71 g)		117 g Natriumchlorid

b) Wasserstoff reagiert mit Sauerstoff zu Wasser:

2 Moleküle Wasserstoff	+ 1 Molekül Sauerstoff	$\longrightarrow$	2 Moleküle Wasser
2 mol Wasserstoff	+ 1 mol Sauerstoff	$\longrightarrow$	2 mol Wasser
44,8 L Wasserstoff	+ 22,4 L Sauerstoff		36 g Wasser (44,8 L Wasserdampf)

c) Magnesium reagiert mit Sauerstoff zu Magnesiumoxid:

2 Atome Magnesium	+ 1 Molekül Sauerstoff	$\longrightarrow$	2 Baueinheiten Magnesiumoxid
2 mol Magnesium	+ 1 mol Sauerstoff	$\longrightarrow$	2 mol Magnesiumoxid
48 g Magnesium	+ 22,4 L Sauerstoff (32 g)		80 g Magnesiumoxid

21 Die Übertragung von Elementarteilchen, in diesem Fall Protonen, bezeichnet man als **Donator-Akzeptor-Prinzip**. Eine Teilchenart gibt Protonen ab, eine andere Teilchenart nimmt diese Protonen auf. Bei diesen Reaktionen handelt es sich um Reaktionen mit Protonenübergang. Ein Chlorwasserstoff-Molekül gibt ein Proton ab, dies ist der Protonendonator (Säure). Das Wasser-Molekül nimmt das Proton auf, dies ist der Protonenakzeptor (Base). Insgesamt wird also ein Proton übertragen.

$$HCl + H_2O \rightleftharpoons H_3O^+ + Cl^-$$

Protonenübergang

Protonenabgabe $HCl \rightleftharpoons H^+ + Cl^-$

Protonenaufnahme $H_2O + H^+ \rightleftharpoons H_3O^+$

Auch bei der Reaktion von Ammoniak mit Wasser findet ein Protonenübergang statt. Hierbei ist das Wasser-Molekül der Protonendonator, das Ammoniak-Molekül ist der Protonenakzeptor.

$$H_2O + NH_3 \rightleftharpoons NH_4^+ + OH^-$$

Protonenübergang

Protonenabgabe $H_2O \rightleftharpoons H^+ + OH^-$

Protonenaufnahme $NH_3 + H^+ \rightleftharpoons NH_4^+$

22 Eine **Redoxreaktion** erkennt man an der Änderung der Oxidationszahlen. Bei der Teilreaktion Oxidation erhöht sich die Oxidationszahl, bei der Reduktion wird sie kleiner.

Bei organischen Kohlenstoffverbindungen muss zur Bestimmung der Oxidationszahlen jede Atomgruppe mit einem Kohlenstoff-Atom einzeln betrachtet werden. Bei den Reaktionen in den Teilaufgaben a und c sind die Formeln entsprechend zu verändern.

a) $Ca + 2\,C_2H_5COOH \longrightarrow Ca(C_2H_5COO)_2 + H_2$

$\quad\;\,$0$\quad\quad\;\;$–3+1 –2+1 +3–2–2+1$\quad\quad\quad$+2 –3+1 –2+1 +3–2–2$\quad\quad\;$0
$Ca + 2\,CH_3\text{–}CH_2\text{–}COOH \longrightarrow Ca(CH_3\text{–}CH_2\text{–}COO)_2 + H_2$

Redoxreaktion

b) $\;$+2–2$\quad\quad$+1 +2–2–2+1$\quad\quad\quad\quad\;$+2+1 +2–2–2$\quad\quad$+1–2
$\;\;CaO + 2\,H\text{–}COOH \longrightarrow Ca(H\text{–}COO)_2 + H_2O$

keine Redoxreaktion

c) $C_3H_7OH + CuO \longrightarrow C_2H_5CHO + H_2O + Cu$

$\;\;$–3+1$\;\;$–2+1$\;\;$–1+1–2+1$\quad\;$+2–2$\quad\quad\quad$–3+1$\;\;$–2+1$\;\;$+1+1–2$\quad\;$+1–2$\quad\;$0
$\;\;CH_3\text{–}CH_2\text{–}CH_2OH + CuO \longrightarrow CH_3\text{–}CH_2\text{–}CHO + H_2O + Cu$

Redoxreaktion

d) $\overset{+2-2}{CuO}$ + 2 $\overset{+1-1}{HCl}$ ⟶ $\overset{+2-1}{CuCl_2}$ + $\overset{+1-2}{H_2O}$
keine Redoxreaktion

e) $\overset{0}{Cu}$ + 4 $\overset{+1+5-2}{HNO_3}$ ⟶ $\overset{+2+5-2}{Cu(NO_3)_2}$ + 2 $\overset{+4-2}{NO_2}$ + 2 $\overset{+1-2}{H_2O}$
Redoxreaktion

f) $\overset{-3+1}{NH_3}$ + $\overset{+1+5-2}{HNO_3}$ ⟶ $\overset{-3+1+5-2}{NH_4NO_3}$
keine Redoxreaktion

23 **Redoxreaktion:**

$\overset{+/-0}{Mg}$ + 2 $\overset{+1\ -1}{HCl}$ ⟶ $\overset{+2\ -1}{MgCl_2}$ + $\overset{+/-0}{H_2}$
RM   OM

Bei einer Redoxreaktion verlaufen die Teilreaktionen Oxidation und Reduktion gleichzeitig. Bei der Oxidation werden Elektronen abgegeben, die Oxidationszahl wird größer. Bei der Reduktion werden Elektronen aufgenommen, die Oxidationszahl wird kleiner.
Das Reduktionsmittel gibt Elektronen ab, es ist der Elektronendonator (Magnesium-Atom):
Elektronenabgabe: Mg ⟶ Mg^{2+} + 2 e^-
Das Oxidationsmittel nimmt Elektronen auf, es ist der Elektronenakzeptor (Wasserstoff-Ion):
Elektronenaufnahme: 2 H^+ + 2 e^- ⟶ H_2
Insgesamt werden Elektronen übertragen, vom Elektronendonator auf den Elektronenakzeptor.

Berücksichtigt man die reagierenden Teilchen in der Lösung, kann die Reaktion auch mit Hydronium-Ionen formuliert werden:

$\overset{+/-0}{Mg}$ + 2 $\overset{+1}{H_3O^+}$ + 2 Cl^- ⟶ $\overset{+2}{Mg^{2+}}$ + 2 Cl^- + $\overset{+/-0}{H_2}$ + 2 H_2O
RM   OM

24 **Ammonium-Ionen** werden nachgewiesen, indem diese zuerst in Ammoniak umgewandelt werden. Dazu wird die Substanz, z. B. Ammoniumchlorid, mit Natriumhydroxid-Lösung versetzt:
NH_4Cl (s) + NaOH (aq) ⇌ NH_3 (g) + H_2O (l) + NaCl (aq)

Das entstehende Ammoniak-Gas wird mit feuchtem Indikatorpapier nachgewiesen. Durch die Reaktion mit Wasser bilden sich Hydroxid-Ionen, die mit dem Indikator eine alkalische Reaktion anzeigen:

$NH_3 \text{(g)} + H_2O \text{(l)} \rightleftharpoons NH_4^+ \text{(aq)} + OH^- \text{(aq)}$

Geräte: 2 Uhrglasschalen, Spatel, Pipette
Chemikalien: Untersuchungssubstanz, z. B. Ammoniumchlorid, Natriumhydroxid-Lösung, Wasser, Indikatorpapier, z. B. Phenolphthaleinpapier
Skizze:

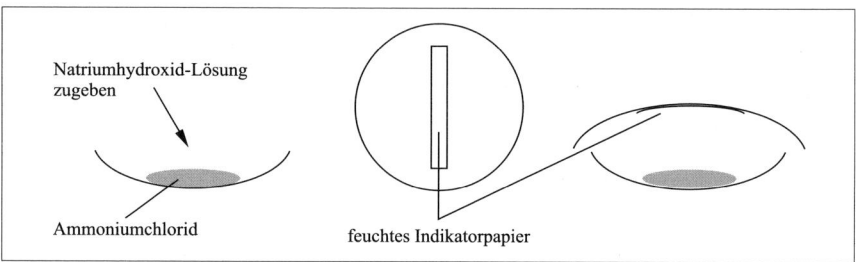

Erläuterung „Reaktion mit Protonenübergang":

$NH_3 \text{(g)} + H_2O \text{(l)} \rightleftharpoons NH_4^+ \text{(aq)} + OH^- \text{(aq)}$

Bei einer Reaktion mit Protonenübergang werden Protonen (H^+) zwischen den Teilchen der Ausgangsstoffe übertragen. Das Wasser-Molekül gibt ein Proton ab, dadurch entsteht ein Hydroxid-Ion. Das Ammoniak-Molekül nimmt dieses Proton auf und bildet ein Ammonium-Ion.

Teilreaktion Protonenabgabe: Teilreaktion Protonenaufnahme:
$H_2O \longrightarrow H^+ + OH^-$ $NH_3 + H^+ \longrightarrow NH_4^+$

$NH_3 + H_2O \longrightarrow NH_4^+ + OH^-$
Protonenübergang

25 Reaktionsgleichung:
$N_2 + 3 H_2 \rightleftharpoons 2 NH_3 \quad \Delta H = -92 \text{ kJ} \cdot \text{mol}^{-1}$

Die **Ammoniak-Synthese** ist eine umkehrbare Reaktion, die durch Druck und Temperatur beeinflusst werden kann:
- Eine niedrige Temperatur begünstigt die exotherme Reaktion, also die Bildung von Ammoniak.
- Eine hohe Temperatur begünstigt die endotherme Reaktion, also die Bildung von Wasserstoff und Stickstoff.
- Ein hoher Druck begünstigt die volumenabnehmende Reaktion, also die Bildung von Ammoniak.
- Ein niedriger Druck begünstigt die volumenzunehmende Reaktion, also die Bildung von Wasserstoff und Stickstoff.

D. h., **hoher Druck** und **niedrige Temperatur** sind günstig für die Ammoniak-Synthese.

26 Vergleich der Reaktionen
Unterschiede:

$$\overset{-3+1}{NH_3} + \overset{+1-1}{HCl} \longrightarrow \overset{-3+1-1}{NH_4Cl}$$

Die Protolyse kann auch als Reaktion mit Protonenübergang bezeichnet werden. Zwischen den Teilchen der Ausgangsstoffe werden Protonen (H^+) übertragen. Das Chlorwasserstoff-Molekül gibt ein Proton ab, das Ammoniak-Molekül nimmt dieses Proton auf. Die Oxidationszahlen ändern sich bei einer Protolyse nicht. Chlorid-Ionen und Ammonium-Ionen verbinden sich zu Ammoniumchlorid.

Teilreaktion Protonenabgabe: Teilreaktion Protonenaufnahme:

$HCl \longrightarrow Cl^- + H^+$ $NH_3 + H^+ \longrightarrow NH_4^+$

$$NH_3 + HCl \longrightarrow NH_4Cl$$

Protonenübergang

Bei der Redoxreaktion werden Elektronen übertragen. Stickstoff im Ammoniak-Molekül ist das Reduktionsmittel („RM"), wird oxidiert und gibt Elektronen ab. Der Sauerstoff ist das Oxidationsmittel („OM"), wird reduziert und nimmt Elektronen auf. Bei der Teilreaktion Oxidation erhöht sich die Oxidationszahl durch die Elektronenabgabe, bei der Reduktion wird die Oxidationszahl durch die Elektronenaufnahme kleiner:

$$\overset{-3+1}{4\,NH_3} + \overset{+/-0}{5\,O_2} \longrightarrow \overset{+2-2}{4\,NO} + \overset{+1-2}{6\,H_2O}$$

RM   OM

Oxidation

Reduktion

Gemeinsamkeiten:
Bei beiden Reaktionen reagiert als ein Ausgangsstoff Ammoniak. Es finden Teilreaktionen statt, bei denen Elementarteilchen übertragen werden.

27 In den wässrigen Lösungen sind verschiedene **Ionen** enthalten, die einzeln nachgewiesen werden können:

$NaCl \rightleftharpoons Na^+ + Cl^-$
$HCl \rightleftharpoons H^+ + Cl^-$
$HNO_3 \rightleftharpoons H^+ + NO_3^-$
$H_2SO_4 \rightleftharpoons 2\,H^+ + SO_4^{2-}$

Chlorid-Ionen werden mit Silbernitrat-Lösung nachgewiesen. Sulfat-Ionen werden mit Bariumchlorid-Lösung nachgewiesen: Es bilden sich jeweils schwerlösliche Salze:

$Ag^+ + Cl^- \rightleftharpoons AgCl \downarrow$ weißer Niederschlag
$Ba^{2+} + SO_4^{2-} \rightleftharpoons BaSO_4 \downarrow$ weißer Niederschlag

Für den Nachweis von Wasserstoff-Ionen nutzt man einen Indikator wie Unitest oder Lackmus (blau).

Die Proben werden geteilt und in 12 Reagenzgläsern jeweils mit den Nachweislösungen versetzt. Folgende Beobachtungen sind zu erwarten:

Lösung Nachweismittel	NaCl	HCl	HNO_3	H_2SO_4
Unitest	Grünfärbung	Rotfärbung	Rotfärbung	Rotfärbung
Silbernitrat-Lösung	weißer Niederschlag	weißer Niederschlag	keine Veränderung	keine Veränderung
Bariumchlorid-Lösung	keine Veränderung	keine Veränderung	keine Veränderung	weißer Niederschlag

Damit ist eine eindeutige Identifizierung möglich.

28 *Zur Lösung dieser Übungsaufgabe werden drei Varianten vorgestellt.*

– **Variante 1: Lösung mit Verhältnisgleichungen**

Teilaufgabe a:
Zuerst werden die gegebenen und gesuchten Größen über der Reaktionsgleichung eingetragen:

geg.: $m(C_3H_8) = 220\,g$ ges.: $V(O_2)$

$$C_3H_8 \quad + \quad 5\,O_2 \quad \longrightarrow \quad 3\,CO_2 \quad + \quad 4\,H_2O$$

Danach werden die Massen bzw. Volumina, die in der Reaktionsgleichung durch die Formeln gegeben sind, berechnet und eingetragen.

Wichtig: Ist über der Reaktionsgleichung eine Masse gegeben, so muss unter der Gleichung ebenfalls die Masse berechnet werden. Steht über der Reaktionsgleichung ein Volumen, so berechnet man unter der Gleichung das Volumen des Stoffes.

$m(C_3H_8) = 220\,g \qquad V(O_2)$

$$C_3H_8 \quad + \quad 5\,O_2 \quad \longrightarrow \quad 3\,CO_2 \quad + \quad 4\,H_2O$$

$1\,mol \cdot 44\,g \cdot mol^{-1} \quad 5\,mol \cdot 22{,}4\,L \cdot mol^{-1}$
$= 44\,g \hspace{3.2cm} = 112\,L$

Durch die entsprechende Zuordnung ergibt sich die Verhältnisgleichung:

$V(O_2) \stackrel{\wedge}{=} 112\,L$

$220\,g \stackrel{\wedge}{=} 44\,g$

$$\frac{V(O_2)}{112\,L} = \frac{220\,g}{44\,g}$$

$$V(O_2) = \frac{220\,g \cdot 112\,L}{44\,g} = 560\,L$$

Antwortsatz:
Zur vollständigen Verbrennung von 220 g Propan sind 560 L Sauerstoff erforderlich.

Teilaufgabe b:

gegeben: /gesucht:

$m(C_3H_8) = 220$ g $\quad\quad\quad\quad V(CO_2)$

$C_3H \quad + \quad 5\, O_2 \quad \longrightarrow \quad 3\, CO_2 \; + \; 4\, H_2O$

$1\, \text{mol} \cdot 44\, \text{g} \cdot \text{mol}^{-1} \quad\quad\quad\quad 3\, \text{mol} \cdot 22{,}4\, \text{L} \cdot \text{mol}^{-1}$

$= 44\, \text{g} \quad\quad\quad\quad\quad\quad\quad\quad\quad = 67{,}2\, \text{L}$

Verhältnisgleichung:

$V(CO_2) \mathrel{\hat{=}} 67{,}2\, \text{L}$

$220\, \text{g} \mathrel{\hat{=}} 44\, \text{g}$

$$\frac{V(CO_2)}{67{,}2\, \text{L}} = \frac{220\, \text{g}}{44\, \text{g}}$$

$$V(CO_2) = \frac{220\, \text{g} \cdot 67{,}2\, \text{L}}{44\, \text{g}} = 336\, \text{L}$$

Antwortsatz:
Bei der Verbrennung von 220 g Propan entstehen 336 L Kohlenstoffdioxid.

- **Variante 2: Lösung mit Größengleichungen**

   Teilaufgabe a:
   Zunächst werden die gegebenen und gesuchten Größen aus der Aufgabe und der Reaktionsgleichung ermittelt. Die Stoffmengen ergeben sich für den jeweils gegebenen und gesuchten Stoff aus der Reaktionsgleichung. Hier sind 1 mol Propan und 5 mol Sauerstoff gegeben.

$C_3H_8 \; + \; 5\, O_2 \quad \longrightarrow \quad 3\, CO_2 \; + \; 4\, H_2O$

gesucht: $V(O_2)$

gegeben: $m(C_3H_8) = 220$ g $\quad\quad M(C_3H_8) = 44\, \text{g} \cdot \text{mol}^{-1}$

$\quad\quad\quad\; n(C_3H_8) = 1\, \text{mol} \quad\quad\quad\; n(O_2) \;\; = 5\, \text{mol}$

$\quad\quad\quad\; V_m(O_2) \;\, = 22{,}4\, \text{L} \cdot \text{mol}^{-1}$

Diese Werte werden in die Größengleichung eingesetzt:

$$\frac{V(O_2)}{n(O_2) \cdot V_m(O_2)} = \frac{m(C_3H_8)}{n(C_3H_8) \cdot M(C_3H_8)}$$

$$V(O_2) = \frac{m(C_3H_8) \cdot n(O_2) \cdot V_m(O_2)}{n(C_3H_8) \cdot M(C_3H_8)}$$

$$V(O_2) = \frac{220\, \text{g} \cdot 5\, \text{mol} \cdot 22{,}4\, \text{L} \cdot \text{mol}^{-1}}{1\, \text{mol} \cdot 44\, \text{g} \cdot \text{mol}^{-1}}$$

$$V(O_2) = 560\, \text{L}$$

Antwortsatz:
Zur vollständigen Verbrennung von 220 g Propan sind 560 L Sauerstoff erforderlich.

Teilaufgabe b:
Entsprechend kann das Volumen von Kohlenstoffdioxid errechnet werden:
gesucht: $V(CO_2)$
gegeben: $m(C_3H_8) = 220\,g$
$n(C_3H_8) = 1\,mol$
$M(C_3H_8) = 44\,g \cdot mol^{-1}$
$n(CO_2) = 3\,mol$
$V_m(CO_2) = 22{,}4\,L \cdot mol^{-1}$

Die Werte werden in die Größengleichung eingesetzt:

$$\frac{V(CO_2)}{n(CO_2) \cdot V_m(CO_2)} = \frac{m(C_3H_8)}{n(C_3H_8) \cdot M(C_3H_8)}$$

$$V(CO_2) = \frac{m(C_3H_8) \cdot n(CO_2) \cdot V_m(CO_2)}{n(C_3H_8) \cdot M(C_3H_8)}$$

$$V(CO_2) = \frac{220\,g \cdot 3\,mol \cdot 22{,}4\,L \cdot mol^{-1}}{1\,mol \cdot 44\,g \cdot mol^{-1}}$$

$$V(CO_2) = 336\,L$$

Antwortsatz:
Bei der Verbrennung von 220 g Propan entstehen 336 L Kohlenstoffdioxid.

- **Variante 3: Berechnung über das Stoffmengenverhältnis**
  Bei Volumenberechnungen von Gasen gibt es oft die Möglichkeit, durch einfache Berechnungen über das Stoffmengenverhältnis zum Ergebnis zu kommen, da alle Gase annähernd das gleiche molare Volumen aufweisen. Unter Normbedingungen beträgt es etwa $V_m = 22{,}4\,L \cdot mol^{-1}$.

  Die wichtigsten Überlegungen sollten notiert werden, damit der Lösungsweg nachvollziehbar ist.
  Dies wird am Beispiel der **Teilaufgabe b** gezeigt:
  gesucht: $V(CO_2)$
  Die Stoffmengen von Kohlenstoffdioxid und Sauerstoff verhalten sich wie 3 : 5.
  Damit beträgt auch das Volumenverhältnis $V(CO_2) : V(O_2) = 3 : 5$.
  Das Volumen von Kohlenstoffdioxid entspricht also 3/5 des Volumens von Sauerstoff (siehe Teilaufgabe a):
  $V(CO_2) = 3/5 \cdot V(O_2) = 3/5 \cdot 560\,L = 336\,L$

  Antwortsatz:
  Bei der Verbrennung von 220 g Propan entstehen 336 L Kohlenstoffdioxid.

29

Elemente Eigenschaften	Fluor	Chlor	Brom	Iod	Astat
Atommasse	zunehmend →				radioaktiv unbeständig
Dichte	zunehmend →				
Aggregatzustand	gasförmig	gasförmig	flüssig / gasförmig	fest	
Farbe	hellgelb	gelbgrün	rotbraun	blau-schwarz glänzend	
Ionenbildung	durch Aufnahme von einem e^- (F^-)	abnehmend → (Cl^-)	(Br^-)	(I^-)	
Metall- / Nichtmetallcharakter	Nichtmetalle	abnehmender Nichtmetallcharakter →			(metallisch)
Elektronenaffinität	abnehmend →				

Alle **Halogene** nehmen bei chemischen Reaktionen Elektronen auf. Sie sind **Nichtmetalle**, deren Oxide mit Wasser saure Lösungen bilden. Bei Redoxreaktionen wirken Halogene als Oxidationsmittel. Diese Tendenz zur Elektronenaufnahme nimmt von Fluor zu Iod ab.

Die Elemente der 3. Periode:

Elemente / Eigenschaften	Na	Mg	Al	Si	P	S	Cl
Atommasse	zunehmend ⟶						
Aggregatzustand	fest weich	fest	fest	fest	fest	fest	gasförmig
Farbe	silbrig glänzend	silbrig glänzend	silbrig glänzend	dunkelgrau glänzend	weiß und rot	gelb	gelbgrün
Ionenbildung	Na^+	Mg^{2+}	Al^{3+}	$+4, -4$ Si	P^{3-}	S^{2-}	Cl^-
Metall- / Nichtmetallcharakter	Metall	Metall	Metall	Übergangselement	Nichtmetall	Nichtmetall	Nichtmetall
Elektronenaffinität	zunehmend Elektronenabgabe ⟶				zunehmend Elektronenaufnahme		

Die **Elemente der 3. Periode** haben unterschiedliche Eigenschaften:
– Natrium, Magnesium und Aluminium sind **Metalle**. Mit Wasser bilden ihre Oxide alkalische Lösungen. Durch Elektronenabgabe entstehen aus ihren Atomen positive Ionen.
– Phosphor, Schwefel und Chlor sind **Nichtmetalle** und ihre Oxide bilden mit Wasser saure Lösungen. Durch Elektronenaufnahme bilden sie negative Ionen.
– Silicium zeigt äußerlich metallische Eigenschaften, kann aber ebenfalls Säuren bilden.

Besondere Leistungsfeststellung Thüringen 10. Klasse Chemie
Aufgabe 1

Pflichtaufgabe: Verlauf chemischer Reaktionen

1. Eine Wasserstoffperoxid-Lösung zerfällt an der Luft langsam zu Wasser und Sauerstoff:

   $$2\,H_2O_2 \rightleftharpoons 2\,H_2O + O_2$$

   Der „naszierende" Sauerstoff (gerade entstehender Sauerstoff) führt dazu, dass Wasserstoffperoxid ätzend und desinfizierend wirkt und deshalb als Desinfektionsmittel in der Medizin zum Auswaschen von Wunden, zum Spülen bei Zahnoperationen, zum Reinigen von Kontaktlinsen und in der Kosmetik zum Bleichen von Haaren verwendet werden kann.
   Bei der Verwendung zur täglichen Reinigung von Kontaktlinsen erhält man die Reinigungslösung deshalb als Reinigungsset. Es besteht aus einem Reinigungsbehälter mit der Reinigungslösung (Wasserstoffperoxid-Lösung) und einem Deckel mit einer Art Kunststoffstempel, der am unteren Ende einen Aufsatz aus einem Platin-Katalysator besitzt.
   Beschreiben Sie die Bedeutung des Katalysators bei diesem Reinigungsset.

2. Erläutern Sie die Wirkungsweise eines Katalysators unter Einbeziehung des Materials I.

3. Skizzieren Sie den Reaktionsverlauf einer ausgewählten chemischen Reaktion mit und ohne Katalysator in einem Diagramm.

20 BE

Material I

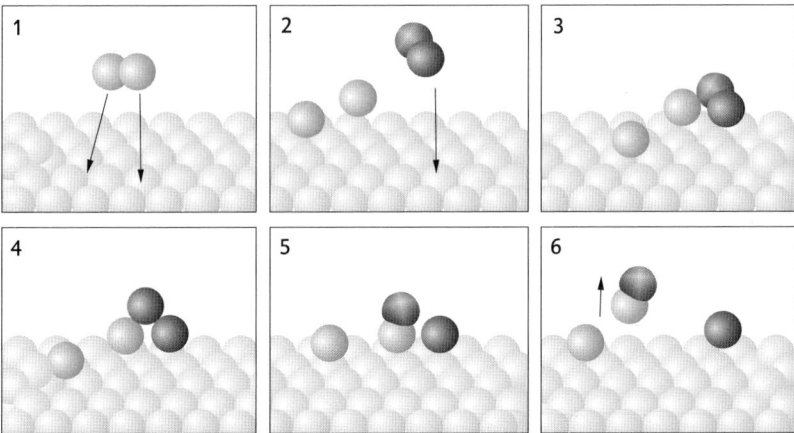

Abb. 1: Vorgänge an einer Katalysatoroberfläche

Wahlaufgabe A 1: Organische Verbindungen

Die folgende Übersicht zeigt Reaktionen zwischen wichtigen organischen Verbindungen:

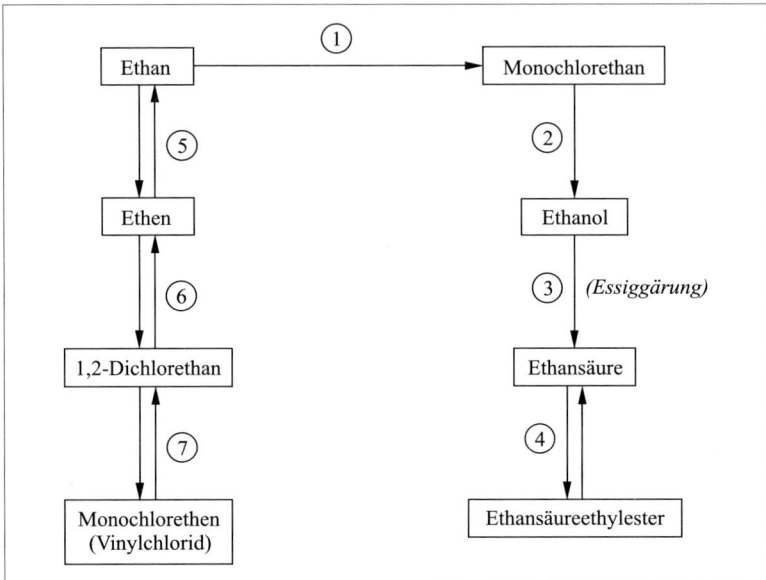

Abb. 2: Reaktionen zwischen wichtigen organischen Verbindungen

1   Wählen Sie vier der Reaktionen 1 bis 7 aus und notieren Sie die Reaktionsgleichungen mit Strukturformeln.
Erklären Sie jeweils die Reaktionsart.
Untersuchen Sie außerdem, ob die ausgewählten organischen Reaktionen Redoxreaktionen sind. Begründen Sie jeweils die Entscheidung.

2   Vinylchlorid dient in der Industrie als Ausgangsstoff zur Herstellung von PVC (Polyvinylchlorid). Die Produktion von Vinylchlorid aus 1,2-Dichlorethan ist deshalb ökonomisch von großer Bedeutung.
Berechnen Sie, welches Volumen Chlorwasserstoff bei der Herstellung von 1 t Vinylchlorid entsteht.

                                                                                                                                                             20 BE

Wahlaufgabe A 2: Donator-Akzeptor-Reaktionen

Material II

Redoxreaktionen und Säure-Base-Reaktionen können mithilfe des Donator-Akzeptor-Prinzips beschrieben werden. Eine Vielzahl chemischer Reaktionen wird dadurch systematisch erfasst und chemische Details können in größeren Zusammenhängen dargestellt werden.
Die Funktionen der reagierenden Teilchen als Donator bzw. Akzeptor, die Übertragung von Elementarteilchen und die Teilreaktionen sind dabei Kriterien zur Beschreibung solcher Reaktionen. Das Donator-Akzeptor-Prinzip kann man zum Beispiel auf die folgenden Reaktionen von Stickstoffverbindungen anwenden:

a) Reaktion von Ammoniak mit Sauerstoff zu Stickstoffmonoxid
b) Reaktion von Stickstoffmonoxid mit Sauerstoff zu Stickstoffdioxid
c) Bildung von Salpetersäure aus Stickstoffdioxid
d) Lösen von Salpetersäure in Wasser
e) Reaktion von Salpetersäure mit Calciumhydrogencarbonat
f) Reaktion von Salpetersäure mit Ammoniak

1   Donator-Akzeptor-Prinzip

1.1   Formulieren Sie die Reaktionsgleichungen für vier der im Material II angegebenen Reaktionen.

1.2   Wählen Sie aus den Beispielen eine Redoxreaktion und eine Säure-Base-Reaktion und beschreiben Sie diese Reaktionen mithilfe des Donator-Akzeptor-Prinzips.
Ordnen Sie die entsprechenden Fachbegriffe zu.

2   Bei einem Schülerexperiment soll Salpetersäure mit Natronlauge neutralisiert werden.

2.1   Beschreiben Sie die Durchführung des Experiments.
Formulieren Sie die Reaktionsgleichung und geben Sie die reagierenden Teilchen an.

2.2   Erläutern Sie an diesem Beispiel die Merkmale der chemischen Reaktion.

2.3   Nach der Neutralisation wird die Lösung eingedampft. Berechnen Sie die entstehende Masse an Natriumnitrat, wenn bei der Neutralisation 50 g einer 6 %igen Salpetersäure neutralisiert wurden.

20 BE

Lösungen

Pflichtaufgabe: Verlauf chemischer Reaktionen

1. Ein **Katalysator** beschleunigt den Zerfall von Wasserstoffperoxid in Wasser und Sauerstoff. Der „naszierende" Sauerstoff (atomarer Sauerstoff im Zustand des Entstehens) wirkt desinfizierend, ätzend und bleichend. Beim Reinigen von Kontaktlinsen wird die desinfizierende Wirkung genutzt.
Da Wasserstoffperoxid-Lösung auch ätzend auf die Schleimhäute wirkt, muss sichergestellt sein, dass keine Reste von Wasserstoffperoxid-Lösung an den Kontaktlinsen bleiben. Der Katalysator beschleunigt den Zersetzungsprozess, sodass in kurzer Zeit eine hohe Konzentration an naszierendem Sauerstoff entsteht und der Zersetzungsprozess gleichzeitig schnell und vollständig abläuft. Die Feuchtigkeit an den Kontaktlinsen ist dann nur noch auf Wasserreste zurückzuführen.

2. Im Material I ist eine Gasreaktion am Katalysator dargestellt – **heterogene Katalyse**.
Ein Molekül eines Edukts A trifft auf den Katalysator (1), wodurch die Atombindung in diesem Molekül gelockert bzw. aufgespalten wird (2). Während ein Molekül eines weiteren Edukts B auf den Katalysator trifft, lockert sich auch in diesem die Atombindung (3). Zwischen einem Atom des Moleküls A und einem Atom des Moleküls B wirken Anziehungskräfte, sodass sich zwischen ihnen eine neue Atombindung bildet (4). Das entstehende Molekül AB verlässt die Katalysatoroberfläche (5 und 6) und weitere Moleküle der Edukte A und B können durch den Katalysator bei ihrer Bildung von AB beeinflusst werden.

oder:

Die Darstellungen 1 und 2 zeigen die sich bildenden Zwischenverbindungen aus den Teilchen der Edukte A und B und dem Katalysator. Die Modelldarstellungen 3 und 4 zeigen die gebildeten Zwischenverbindungen von Katalysator und den Teilchen der Edukte A und B sowie die Kräftewirkungen zwischen den Teilchen A und B am Katalysator. Die Modelle in den Bildern 5 und 6 veranschaulichen die Ablösung der am Katalysator gebildeten Moleküle der Produkte vom Katalysator. Man erkennt, dass der Katalysator danach für weitere Moleküle der Edukte zur Verfügung steht.

3. Reaktionsverlauf mit und ohne Katalysator am Beispiel der Zersetzung von Wasserstoffperoxid:

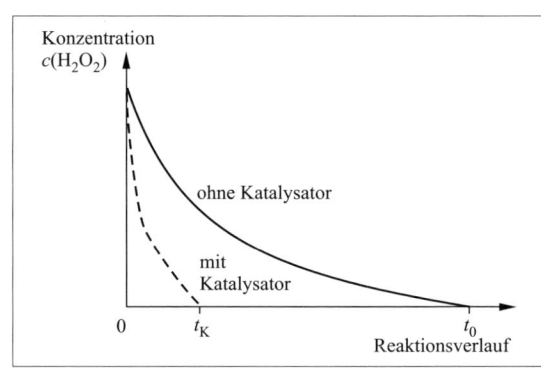

Abb. 3: Reaktionsverlauf

Wahlaufgabe A 1: Organische Verbindungen

1   Auswahl z. B. folgender Reaktionen:

Reaktion 1: $H_3C-CH_3 + Cl_2 \rightleftharpoons H_3C-CH_2Cl + HCl$

Substitution: Die Substitution ist eine chemische Reaktion, bei der Atome, Atomgruppen oder Moleküle gegen andere ausgetauscht werden. Es entstehen Derivate der organischen Grundverbindung und Nebenprodukte. Ein Wasserstoff-Atom des Ethan-Moleküls wird durch ein Chlor-Atom des Chlor-Moleküls ausgetauscht, wobei Monochlorethan als Derivat entsteht und Chlorwasserstoff als Nebenprodukt.

Reaktion 4: $CH_3-COOH + H-O-CH_2-CH_3 \rightleftharpoons CH_3-COO-CH_2-CH_3 + H_2O$

Veresterung (Substitution): Die Veresterung ist ein Spezialfall der Substitution. Eine Säure reagiert mit einem Alkohol zu einem Ester und Wasser. Bei dieser Reaktion wird die OH-Gruppe im Säure-Molekül gegen die $O-CH_2-CH_3$-Gruppe des Ethanols ausgetauscht. Das Wasser-Molekül wird aus dem Wasserstoff-Atom des Ethanols und der OH-Gruppe des Säure-Moleküls gebildet.

Reaktion 5: $H_3C-CH_3 \rightleftharpoons H_2C=CH_2 + H-H$

Eliminierung: Die Eliminierung ist eine chemische Reaktion, bei der Atome, Atomgruppen oder Moleküle aus einem Molekül ohne Ersatz austreten. Aus dem Ethan-Molekül tritt ein Molekül Wasserstoff aus, wobei Ethen durch Ausbildung einer Doppelbindung zwischen den beiden Kohlenstoff-Atomen entsteht. Diese Art der Eliminierung ist eine katalytische Dehydrierung. Sie verläuft endotherm.

Reaktion 6: $H_2C=CH_2 + Cl_2 \rightleftharpoons ClH_2C-CH_2Cl$

Addition: Die Addition ist eine chemische Reaktion, bei der ungesättigte organische Grundverbindungen unter Aufspaltung der Mehrfachbindung Atome, Atomgruppen oder Moleküle aufnehmen. Unter Aufspaltung der Doppelbindung wird vom Ethen-Molekül ein Molekül Chlor aufgenommen und es entsteht ein Molekül 1,2-Dichlorethan.

Untersuchen, ob Redoxreaktionen vorliegen:

Reaktion 1: $\overset{-3+1}{CH_3}-\overset{-3+1}{CH_3} + \overset{0}{Cl_2} \longrightarrow \overset{-3+1}{CH_3}-\overset{-1+1}{CH_2}\overset{-1}{Cl} + \overset{+1-1}{HCl}$

Es liegt eine Redoxreaktion vor.
Das zweite Kohlenstoff-Atom des Ethan-Moleküls wird oxidiert:
Oxidationszahlenänderung von -3 nach -1

Die Chlor-Atome im Chlor-Molekül werden reduziert:
Oxidationszahlenänderung von 0 nach -1

Reaktion 4: $\overset{-3+1}{CH_3}-\overset{+3-2-2+1}{COOH} + \overset{-3+1}{CH_3}-\overset{-1+1}{CH_2}-\overset{-2+1}{OH} \longrightarrow \overset{-3+1}{CH_3}-\overset{+3-2-2-1+1}{COOCH_2}-\overset{-3+1}{CH_3} + \overset{+1-2}{H_2O}$

Es liegt keine Redoxreaktion vor. Alle Oxidationszahlen bleiben unverändert.

Reaktion 5: $\overset{-3+1}{CH_3}-\overset{-3+1}{CH_3} \longrightarrow \overset{-2+1}{CH_2}=\overset{-2+1}{CH_2} + \overset{0}{H_2}$

Es liegt eine Redoxreaktion vor.
Die beiden Kohlenstoff-Atome des Ethan-Moleküls werden oxidiert:
Oxidationszahlenänderung jeweils von -3 nach -2

Die Wasserstoff-Atome werden zu elementarem Wasserstoff reduziert:
Oxidationszahlenänderung von $+1$ nach 0

Reaktion 6: $\overset{-2+1}{CH_2}=\overset{-2+1}{CH_2} + \overset{0}{Cl_2} \longrightarrow \overset{-1+1-1}{CH_2Cl}-\overset{-1+1-1}{CH_2Cl}$

Es liegt eine Redoxreaktion vor.
Die beiden Kohlenstoff-Atome des Ethen-Moleküls werden oxidiert:
Oxidationszahlenänderung jeweils von -2 nach -1

Die Chlor-Atome des Chlor-Moleküls werden reduziert:
Oxidationszahlenänderung von 0 nach -1

2 $CH_2Cl-CH_2Cl \longrightarrow CH_2=CHCl + HCl$

gesucht: $V(HCl)$

gegeben: $V_m = 22{,}4 \text{ L} \cdot \text{mol}^{-1}$
$n(HCl) = 1 \text{ mol}$
$M(CH_2=CHCl) = 62{,}5 \text{ g} \cdot \text{mol}^{-1}$
$n(CH_2=CHCl) = 1 \text{ mol}$
$m(CH_2=CHCl) = 1 \text{ t}$

Größengleichung:

$$V(HCl) = \frac{n(HCl) \cdot V_m(HCl) \cdot m(CH_2=CHCl)}{n(CH_2=CHCl) \cdot M(CH_2=CHCl)}$$

$$V(HCl) = \frac{1 \text{ mol} \cdot 22{,}4 \text{ L} \cdot 1 \text{ t} \cdot \text{mol}}{1 \text{ mol} \cdot \text{mol} \cdot 62{,}5 \text{ g}}$$

$V(HCl) = 358{,}4 \text{ m}^3$

Bei der Herstellung von 1 t Vinylchlorid entsteht ein Volumen von 358,4 m³ Chlorwasserstoff.

Wahlaufgabe A 2: Donator-Akzeptor-Reaktionen

1.1 Es sind drei **Redoxreaktionen** *(a–c)* und drei **Säure-Base-Reaktionen** *(d–f)* gegeben. Bei der Auswahl von vier Reaktionen ist also mindestens ein Beispiel von jeder Reaktionsart vertreten.

a) $4\,NH_3 + 5\,O_2 \longrightarrow 4\,NO + 6\,H_2O$
b) $2\,NO + O_2 \longrightarrow 2\,NO_2$
c) $4\,NO_2 + O_2 + 2\,H_2O \longrightarrow 4\,HNO_3$
d) $HNO_3 + H_2O \longrightarrow H_3O^+ + NO_3^-$
e) $2\,HNO_3 + Ca(HCO_3)_2 \longrightarrow Ca(NO_3)_2 + 2\,H_2O + 2\,CO_2$
f) $HNO_3 + NH_3 \longrightarrow NH_4NO_3$

1.2 Redoxreaktion (Auswahl: Beispiel b)

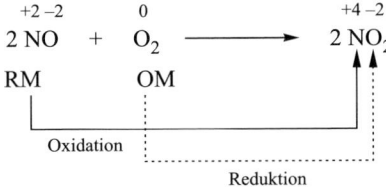

Bei der Redoxreaktion verlaufen die Teilreaktionen Oxidation und Reduktion gleichzeitig. Stickstoff im Stickstoffmonoxid ist das Reduktionsmittel, der Elektronendonator. Ein Stickstoff-Atom gibt formal zwei Elektronen ab. Diese Elektronen werden auf ein Sauerstoff-Atom, den Elektronenakzeptor, übertragen. Sauerstoff ist das Oxidationsmittel.

Säure-Base-Reaktion (Auswahl: Beispiel d)

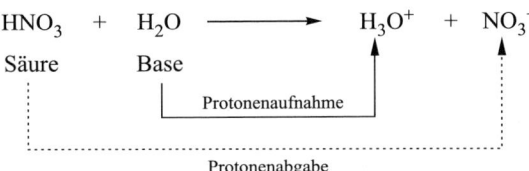

Die Teilreaktionen Protonabgabe und Protonenaufnahme verlaufen bei der Säure-Base-Reaktion gleichzeitig. Das Salpetersäure-Molekül ist der Protonendonator, also die Säure. Es gibt ein Proton ab. Das Wasser-Molekül fungiert als Protonenakzeptor, es ist damit die Base und nimmt das Proton auf.

2.1 Bei der **Neutralisation** wird die Säure-Lösung in einen Erlenmeyerkolben gegeben und ein Indikator, z. B. Universalindikator oder Bromthymolblau, zugesetzt. Durch Zutropfen von Natronlauge (Natriumhydroxid-Lösung) kommt es zur Reaktion, die saure Lösung wird neutralisiert. Dies ist an der Farbänderung des Indikators erkennbar, z. B. ändert der Universalindikator seine Farbe von Rot über Gelb nach Grün.

HNO_3 (aq)   +   NaOH (aq) $\longrightarrow$ $NaNO_3$ (aq)   + H_2O

Ionenschreibweise:
H_3O^+ + NO_3^- + Na^+ + OH^- $\longrightarrow$ Na^+ + NO_3^- + $2 H_2O$

reagierende Teilchen:
H_3O^+ + OH^- $\longrightarrow$ $2 H_2O$

Vereinfacht kann die Gleichung auch mit Wasserstoff-Ionen angegeben werden.

HNO_3 (aq)   +   *NaOH (aq)* $\longrightarrow$ *$NaNO_3$ (aq)*   +   *H_2O*

Ionenschreibweise:
H^+ + *NO_3^-*   +   *Na^+* + *OH^-* $\longrightarrow$ *Na^+* + *NO_3^-* + *H_2O*

reagierende Teilchen:
H^+   +   *OH^-* $\longrightarrow$ *H_2O*

2.2 Merkmale der chemischen Reaktion H_3O^+ + OH^- $\longrightarrow$ $2 H_2O$

Stoffumwandlung:
Bei der Neutralisation reagiert eine saure ätzende Lösung mit einer alkalischen ätzenden Lösung zu einer neutralen Lösung, die nicht ätzend wirkt.

Energieumwandlung:
Die Neutralisation verläuft exotherm. Die chemische Energie von Salpetersäure und Natronlauge wird teilweise in thermische Energie umgewandelt und als Wärme abgegeben.

Teilchenveränderung:
Hydronium-Ionen geben je ein Proton an Hydroxid-Ionen ab. Es entstehen Wasser-Moleküle.

Umbau der chemischen Bindung:
Die polare Atombindung zwischen Wasserstoff und Sauerstoff im Hydronium-Ion wird gespalten. Die polare Atombindung zwischen Wasserstoff und Sauerstoff im Wasser-Molekül bildet sich neu aus.

2.3 *6 %ige Salpetersäure enthält 6 % reine Säure und 94 % Wasser. In 100 g Säure-Lösung sind also 6 g reine Salpetersäure enthalten. 50 g Säure-Lösung enthalten somit 3 g reine Salpetersäure.*

gegeben: $m(HNO_3) = 6\%$ von $50 g = 3 g$
gesucht: $m(NaNO_3) = ?$

HNO_3 (aq) + NaOH (aq) $\longrightarrow$ $NaNO_3$ (aq) + H_2O

$1 \text{ mol} \cdot \dfrac{63g}{\text{mol}} = 63 g$ $1 \text{ mol} \cdot \dfrac{85g}{\text{mol}} = 85 g$

$m(HNO_3) = 3 g$ $m(NaNO_3) = ?$

$\Rightarrow m(NaNO_3) = \dfrac{3 g \cdot 85 g}{63 g} = 4{,}05 g$

Nach Eindampfen der Salzlösung liegen 4,05 g Natriumnitrat vor.

Besondere Leistungsfeststellung Thüringen 10. Klasse Chemie
Aufgabe 2

Pflichtaufgabe: Nachweisreaktionen

Salze sind Ionensubstanzen, die in der Natur in vielfältiger Form vorkommen. Komplizierte biochemische Stoffwechselvorgänge sind ohne Salze nicht denkbar. Pflanzen nehmen Salze in Form verdünnter Lösungen aus dem Boden auf. Im Meerwasser kommen Salze ebenfalls in gelöster Form vor.

1   Erklären Sie den Bau von Salzen am Beispiel von Calciumchlorid und leiten Sie Eigenschaften der Salze ab.

2   Entwickeln Sie eine Übersicht zur Herstellung von Salzen. Verwenden Sie u. a. folgende Begriffe:
unedles Metall, Säure-Lösung, Redoxreaktion, Chlor, Nichtmetall, Metallhydroxid, Calcium, Salzsäure, Protolyse, Calciumcarbonat, Calciumchlorid, Metallcarbonat.
Geben Sie für zwei Möglichkeiten die chemischen Gleichungen an.

3   Ihnen sind die festen, weißen Stoffe Calciumoxid, Calciumchlorid und Calciumsulfat gegeben.
Erklären Sie eine Möglichkeit, wie man diese Stoffe eindeutig identifizieren kann, wenn nur Wasser und ein Universalindikator zur Verfügung stehen.
Wenden Sie die chemische Formelsprache an.

                                                                                                     20 BE

Wahlaufgabe A 1: Stickstoff und Stickstoffverbindungen

Stickstoff ist ein Hauptbestandteil der Luft. Das Gas ist jedoch sehr reaktionsträge und kann von den meisten Lebewesen nicht direkt aufgenommen und verarbeitet werden. Jedoch sind einige Pflanzen mit Knöllchenbakterien in der Lage, den Luftstickstoff zu binden und schrittweise in Ammoniak umzuwandeln.

1.1   Leiten Sie für das Element Stickstoff **und** ein selbst gewähltes metallisches Element aus der Stellung im PSE wichtige Angaben zum Atombau, zur chemischen Bindung und zu den Eigenschaften ab.

1.2   Vergleichen Sie den Molekülbau und das Verhalten in Wasser von Stickstoff und Ammoniak.

1.3   Zur Herstellung von Stickstoffdüngemitteln wie z. B. Ammoniumnitrat ist die technische Ammoniak-Synthese Voraussetzung.
Formulieren Sie für die Ammoniak-Synthese und für die Bildung von Ammoniumnitrat die Reaktionsgleichungen und bestimmen Sie jeweils die Reaktionsart.

                                                                                                     20 BE

Wahlaufgabe A 2: Reaktionen organischer Stoffe

1.1 Erarbeiten Sie eine Übersicht für die Umwandlung folgender Stoffe ineinander: Ethan, Ethen, Monobromethan, Ethanol, Ethanal, Ethansäure, Kaliumacetat. Ordnen Sie drei Verbindungen den entsprechenden Stoffklassen (homologen Reihen) zu und begründen Sie Ihre Zuordnung.
Entwickeln Sie für drei Reaktionen die chemischen Gleichungen mit vereinfachten Strukturformeln und erklären Sie die jeweils vorliegende Reaktionsart.

1.2 Ethansäure reagiert auch mit unedlen Metallen, z. B. mit Magnesium:
Mg + 2 CH_3COOH ⟶ $Mg(CH_3COO)_2$ + H_2
Berechnen Sie das Volumen an Wasserstoff, das bei der Reaktion von 12 g Ethansäure mit Magnesium entsteht.
Nach der Reaktion wird die Lösung eingedampft.
Berechnen Sie die entstehende Masse an Magnesiumacetat.

20 BE

Lösungen

Pflichtaufgabe: Nachweisreaktionen

1 **Salze** sind Ionensubstanzen. Kationen und Anionen bilden durch Ionenbindung einen Ionen-Kristall. In Calciumchlorid-Kristallen verbinden sich Calcium-Ionen und Chlorid-Ionen im Verhältnis 1:2. Zwischen den positiv geladenen Calcium-Ionen und den negativ geladenen Chlorid-Ionen bestehen starke elektrostatische Anziehungskräfte.
Salze haben aufgrund der Anziehungskräfte relativ hohe Schmelz- und Siedetemperaturen. Da keine frei beweglichen Ladungsträger vorhanden sind, leiten die festen Salze den elektrischen Strom nicht. Die Schmelze oder die wässrige Lösung von Salzen sind elektrisch leitfähig, da hier die Ionen frei beweglich sind.
Salze sind spröde, schon eine geringe Verschiebung der Gitterebenen führt zu Abstoßungskräften zwischen gleich geladenen Ionen und damit zum Bruch des Kristalls.

2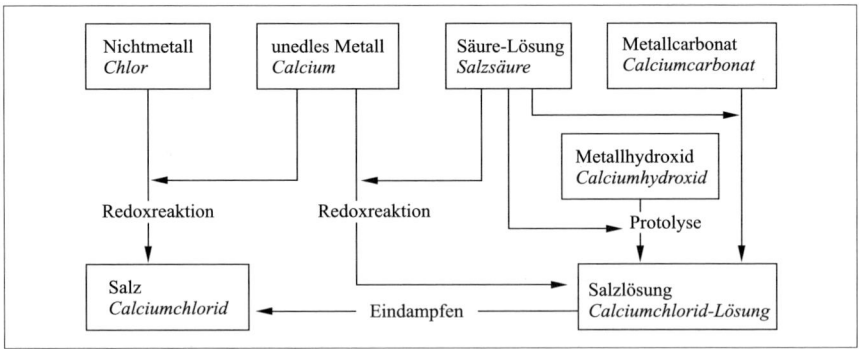

Abb. 4: Übersicht zur Herstellung von Salzen

Reaktionsgleichungen:

$Ca_{(s)} + Cl_{2\,(g)} \longrightarrow CaCl_{2\,(s)}$

$Ca_{(s)} + 2\,HCl_{(aq)} \longrightarrow CaCl_{2\,(aq)} + H_{2\,(g)}$

$Ca(OH)_{2\,(s)} + 2\,HCl_{(aq)} \longrightarrow CaCl_{2\,(aq)} + 2\,H_2O_{(l)}$

$CaCO_{3\,(s)} + 2\,HCl_{(aq)} \longrightarrow CaCl_{2\,(aq)} + H_2O_{(l)} + CO_{2\,(g)}$

In der Aufgabenstellung sind nur zwei Möglichkeiten verlangt.

3   Alle drei Substanzen werden in Wasser gegeben.
Calciumoxid bildet bei der Reaktion mit Wasser Calciumhydroxid. Die Hydroxid-Ionen färben den Universalindikator blau:

$CaO + H_2O \longrightarrow Ca(OH)_2$

$Ca(OH)_2 \rightleftharpoons Ca^{2+} + 2\,OH^-$

Die Teilchen der Salze Calciumchlorid und Calciumsulfat reagieren nicht mit dem Universalindikator, er bleibt unverändert grün. Aber die Löslichkeit der Salze in Wasser ist verschieden:
Calciumchlorid löst sich gut in Wasser, Calciumsulfat ist schwer löslich und bildet in Wasser eine weiße Trübung bzw. einen weißen Niederschlag:

$CaCl_2 \longrightarrow Ca^{2+} + 2\,Cl^-$

$CaSO_4 \downarrow \rightleftharpoons Ca^{2+} + SO_4^{2-}$

Wahlaufgabe A 1: Stickstoff und Stickstoffverbindungen

1.1

Stellung im PSE	Atombau	Stickstoff N	Magnesium Mg
Ordnungszahl	Anzahl der Protonen	7	12
	Anzahl der Elektronen	7	12
Hauptgruppennummer	Anzahl der Außenelektronen	5	2
Periode	Anzahl der besetzten Elektronenschalen	2	3

Stickstoff steht in der V. Hauptgruppe und gehört zu den Nichtmetallen. Stickstoff besteht aus zweiatomigen Molekülen mit unpolarer Atombindung. Gemeinsame Elektronenpaare werden so gebildet, dass eine stabile Außenschale entsteht.
Stickstoff-Atome bilden durch Elektronenaufnahme Nitrid-Ionen:

$N + 3\,e^- \longrightarrow N^{3-}$

Stickstoff hat als Molekülsubstanz eine geringe Siede- und Schmelztemperatur, ist bei Standardbedingungen gasförmig und leitet den elektrischen Strom nicht.
Die Oxide des Stickstoffs haben saure Eigenschaften und können bei Reaktion mit Wasser Säurelösungen bilden, z. B.:

$2\,NO_2 + H_2O \longrightarrow HNO_3 + HNO_2$

oder:

$N_2O_5 + H_2O \longrightarrow 2\,HNO_3$

Magnesium steht in der II. Hauptgruppe und gehört zu den Metallen. In den Magnesium-Kristallen liegt Metallbindung vor. Magnesium-Ionen und frei bewegliche Elektronen ziehen sich an.
Magnesium-Atome bilden Magnesium-Ionen durch Elektronenabgabe:

$$Mg \longrightarrow Mg^{2+} + 2\,e^-$$

Magnesium weist die typischen Metalleigenschaften auf. Es besitzt einen metallischen Glanz, leitet den elektrischen Strom und ist verformbar.
Magnesiumoxid hat basische Eigenschaften, es reagiert mit Wasser zu Magnesiumhydroxid:

$$MgO + H_2O \longrightarrow Mg(OH)_2$$

1.2 **Gemeinsamkeiten:** Stickstoff und Ammoniak sind aus Molekülen aufgebaut. In den Molekülen liegt Atombindung vor, es werden gemeinsame Elektronenpaare gebildet.
Unterschiede:
Stickstoff-Moleküle sind aus zwei Stickstoff-Atomen aufgebaut, die durch Dreifachbindung verknüpft sind. Jedes Stickstoff-Atom besitzt noch ein nicht bindendes Elektronenpaar.

$$|N \equiv N|$$

Das Molekül ist unpolar gebaut und sehr stabil. Die Löslichkeit von Stickstoff in Wasser ist sehr gering, da Wasser ein stark polares Lösungsmittel ist. Eine Reaktion mit Wasser findet unter Standardbedingungen nicht statt.
Ammoniak-Moleküle sind aus einem Stickstoff-Atom und drei Wasserstoff-Atomen aufgebaut, die durch Einfachbindung verknüpft sind. Das Stickstoff-Atom besitzt noch ein nicht bindendes Elektronenpaar. Das Molekül ist polar, der negative Ladungsschwerpunkt liegt beim Stickstoff-Atom:

$$\overset{\delta-}{N} \diagup H \quad H \quad H_{\delta+}$$

Ammoniak löst sich sehr gut in Wasser, beide Stoffe sind polar gebaut. Weiterhin reagiert Ammoniak mit Wasser, dabei entstehen Ammonium- und Hydroxid-Ionen:

$$NH_3 + H_2O \rightleftharpoons NH_4^+ + OH^-$$

1.3
$$\overset{0}{N_2} + 3\,\overset{0}{H_2} \longrightarrow 2\,\overset{-3+1}{NH_3}$$

Die Ammoniak-Synthese ist eine **Redoxreaktion**, die Oxidationszahlen ändern sich. Stickstoff wird reduziert, Wasserstoff wird oxidiert.

$$NH_3 + HNO_3 \longrightarrow NH_4NO_3$$

Protonenübergang

Die Bildung von Ammoniumnitrat ist eine **Protolyse**. Das Salpetersäure-Molekül gibt ein Proton ab, das Ammoniak-Molekül nimmt ein Proton auf.

Wahlaufgabe A 2: Reaktionen organischer Stoffe

1.1 Übersicht:

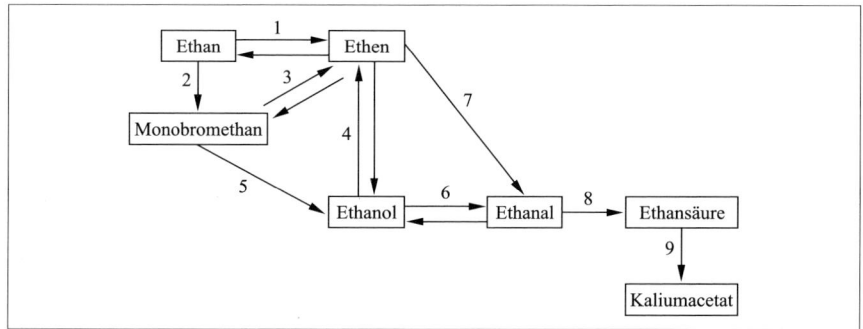

Abb. 5: Umwandlung von Ethan, Ethen, Monobromethan, Ethanol, Ethanal, Ethansäure und Kaliumacetat

In der Aufgabe ist nur die Zuordnung von drei Beispielen verlangt. Die folgende Lösung enthält alle Möglichkeiten, aus denen gewählt werden kann:

Verbindung	Stoffklasse	Begründung – Strukturmerkmal
Ethan	Alkane	nur Einfachbindungen
Ethen	Alkene	eine Doppelbindung zwischen zwei Kohlenstoff-Atomen
Ethanol	Alkanole	eine Hydroxylgruppe im Molekül
Ethanal	Alkanale	eine Aldehydgruppe im Molekül
Ethansäure	Alkansäuren	eine Carboxylgruppe im Molekül

	Reaktionsgleichungen		Reaktionsarten
1	H_3C-CH_3	$\rightleftharpoons$ $H_2C=CH_2 + H_2$	Eliminierung
2	$H_3C-CH_3 + Br_2$	$\longrightarrow$ $H_3C-CH_2Br + HBr$	Substitution
3	$H_2C=CH_2 + HBr$	$\rightleftharpoons$ H_3C-CH_2Br	Addition
4	$H_2C=CH_2 + H_2O$	$\rightleftharpoons$ H_3C-CH_2-OH	Addition
5	$H_3C-CH_2Br + NaOH$	$\longrightarrow$ $H_3C-CH_2-OH + NaBr$	Substitution
6	H_3C-CH_2-OH	$\rightleftharpoons$ $H_3C-CHO + H_2$	Eliminierung
7	$2\,H_2C=CH_2 + O_2$	$\longrightarrow$ $2\,H_3C-CHO$	Oxidation / Redoxreaktion
8	$H_3C-CHO + CuO$	$\longrightarrow$ $H_3C-COOH + Cu$	Oxidation / Redoxreaktion
9a	$H_3C-COOH + KOH$	$\longrightarrow$ $H_3C-COOK + H_2O$	Neutralisation
9b	$2\,H_3C-COOH + K_2O$	$\longrightarrow$ $2\,H_3C-COOK + H_2O$	Protolyse
9c	$2\,H_3C-COOH + 2\,K$	$\longrightarrow$ $2\,H_3C-COOK + H_2$	Redoxreaktion

Erklärung der Reaktionsart an den Beispielen 1 bis 3:

1 $H_3C-CH_3 \rightleftharpoons H_2C=CH_2 + H_2$ **Eliminierung**
Aus einem Molekül Ethan entstehen zwei Moleküle Reaktionsprodukt: Ethen und Wasserstoff. Die Doppelbindung im Ethen-Molekül wird gebildet. Die Abspaltung von Wasserstoff erfordert Energie, die Eliminierung verläuft endotherm.

2 $H_3C-CH_3 + Br_2 \longrightarrow H_3C-CH_2Br + HBr$ **Substitution**
Zwischen den Molekülen von Ethan und Brom werden Atome ausgetauscht, ein Brom-Atom gegen ein Wasserstoff-Atom. Es entstehen Monobromethan und Bromwasserstoff.

3 $H_2C=CH_2 + HBr \rightleftharpoons H_3C-CH_2Br$ **Addition**
Aus den Molekülen Ethen und Bromwasserstoff entsteht ein Molekül Reaktionsprodukt, das Monobromethan. Die Doppelbindung im Ethen-Molekül wird gespalten, die Addition verläuft exotherm.

1.2 **Berechnung des Volumens von Wasserstoff:**
gegeben:/gesucht:

$m(CH_3COOH) = 12$ g $\qquad\qquad V(H_2)$

$Mg + 2\, CH_3COOH \longrightarrow Mg(CH_3COO)_2 + H_2$

$2\,\text{mol} \cdot 60\,\text{g} \cdot \text{mol}^{-1}$ $\qquad\qquad\qquad\qquad 1\,\text{mol} \cdot 22{,}4\,\text{L} \cdot \text{mol}^{-1}$

$= 120$ g $\qquad\qquad\qquad\qquad\qquad\qquad = 22{,}4$ L

Lösung:

$V(H_2) \,\hat{=}\, 22{,}4$ L

$12\text{ g} \,\hat{=}\, 120$ g

$V(H_2) = \dfrac{22{,}4\,\text{L} \cdot 12\,\text{g}}{120\,\text{g}}$

$V(H_2) = 2{,}24$ L

Bei der Reaktion von 12 g Ethansäure mit Magnesium entstehen 2,24 L Wasserstoff.

Berechnung der Masse von Magnesiumacetat:
gegeben:/gesucht:

$m(CH_3COOH) = 12$ g $\qquad\qquad m(Mg(CH_3COO)_2)$

$Mg + 2\, CH_3COOH \longrightarrow Mg(CH_3COO)_2 + H_2$

$2\,\text{mol} \cdot 60\,\text{g} \cdot \text{mol}^{-1}$ $\qquad\qquad\qquad\qquad 1\,\text{mol} \cdot 142\,\text{g} \cdot \text{mol}^{-1}$

$= 120$ g $\qquad\qquad\qquad\qquad\qquad\qquad = 142$ g

$142\text{ g} \,\hat{=}\, m(Mg(CH_3COO)_2)$

$120\text{ g} \,\hat{=}\, 12$ g

$m(Mg(CH_3COO)_2) = \dfrac{142\,\text{g} \cdot 12\,\text{g}}{120\,\text{g}}$

$m(Mg(CH_3COO)_2) = 14{,}2$ g

Nach dem Eindampfen der Lösung bleiben 14,2 g Magnesiumacetat zurück.

Besondere Leistungsfeststellung Thüringen 10. Klasse Chemie
Aufgabe 3

Pflichtaufgabe: Reaktionen von Säuren

Säuren sind Stoffe, die ein teilweise sehr hohes Gefahrenpotenzial besitzen. Gleichzeitig werden sie vielfach im Haushalt eingesetzt und spielen sogar in der Lebensmittelindustrie eine wichtige Rolle.

1. Erläutern Sie Einsatzmöglichkeiten von Säuren im Haushalt und begründen Sie Sicherheitsmaßnahmen beim Umgang mit Säuren.

2. Metallbehälter (Eimer, Fässer, Tanks) werden, um sie vor Korrosion zu schützen, mit einer Zinkschicht überzogen. Dennoch dürfen darin keine sauren Abwässer aufbewahrt werden. Auch die Reinigung dieser Behälter mit sauren Lösungen verursacht Schäden.
   Erklären Sie eine mögliche Reaktion der Behälter mit Säuren und formulieren Sie dazu eine Reaktionsgleichung. Begründen Sie an diesem Beispiel unter Verwendung von Fachbegriffen, dass es sich hier um eine Redoxreaktion handelt.

3. Bevor man saure Abwässer in das öffentliche Abwassernetz einleitet, werden sie mit Calciumhydroxid versetzt.
   Beurteilen Sie diese Maßnahme unter Einbeziehung einer Reaktionsgleichung in Ionenschreibweise.

4. Ein Laborant hat für Versuche drei Lösungen hergestellt. Dabei hat er vergessen die Gefäße zu beschriften. In diesen sind verdünnte Schwefelsäure, Kaliumsulfat-Lösung und verdünnte Salpetersäure enthalten.
   Entwickeln Sie einen Plan, wie man die Lösungen experimentell identifizieren könnte.

20 BE

Wahlaufgabe A 1: Essigsäure – Ethansäure

Verwenden Sie das **Material I** zur Lösung dieser Aufgabe.

1.1 Wählen Sie drei Eigenschaften der Essigsäure aus und erklären Sie diese unter Anwendung der chemischen Formelsprache.

1.2 Berechnen Sie das Volumen von Kohlenstoffmonoxid in m^3, das bei vollständigem Umsatz für die Herstellung von 1 t reiner Ethansäure erforderlich ist.

1.3 „Zwischen den Eigenschaften eines Stoffes und seiner Verwendung besteht ein enger Zusammenhang."
   Erläutern Sie die Aussage anhand zweier Verwendungszwecke von Essigsäure.

20 BE

Material I: Steckbrief der Essigsäure

Ethansäure, lat.: *Acidum aceticum*; $H_3C-COOH$, $C_2H_4O_2$; wichtiger Vertreter aus der Reihe der Carbonsäuren

Eigenschaften:
Wasserfreie Essigsäure (Eisessig) ist eine klare, farblose, stechend riechende Flüssigkeit mit einer Siedetemperatur von 117,9 °C, die bei 16,5 °C zu eisartigen Kristallen erstarrt. Essigsäure wirkt auf Augen, Haut und Schleimhäute ätzend.
Essigsäure ist sehr gut in Wasser löslich. Mit Alkohol, Ether, Tetrachlormethan, Chloroform und Glycerin ist sie in jedem Verhältnis mischbar, nicht aber mit Schwefelkohlenstoff.
Kalk, verschiedene Metalle (Fe, Mg, Zn) und auch Metalloxide werden von verdünnter Essigsäure mehr oder weniger rasch unter Bildung von Acetaten aufgelöst.
Durch Reaktionen mit Alkoholen können Essigsäureester hergestellt werden.

Herstellung:
Ein wichtiges Verfahren zur Herstellung von Essigsäure ist die Carbonylierung von Methanol in der Dampfphase an sauren Katalysatoren oberhalb von 200 bar und 150 °C:

$$CH_3OH\,(g) \;+\; CO\,(g) \longrightarrow C_2H_4O_2\,(g)$$

Verwendung:
Essigsäure dient hauptsächlich zur Herstellung verschiedener Ester. Die Salze der Essigsäure, wie z. B. Na-, Pb-, Al- und Zn-Acetat, dienen als Hilfsmittel in der Textil- und Lederindustrie, in der Färberei und Medizin. In der Lebensmittelindustrie wird Essigsäure als Würz- und Konservierungsstoff eingesetzt. Außerdem ist Essigsäure ein Zusatz in verschiedenen Reinigungsmitteln („Essigreiniger").

Wahlaufgabe A 2: Kohlenstoff und Kohlenstoffverbindungen

Material II: Kohlenstoffmonoxid

Kohlenstoffmonoxid ist eine Molekülsubstanz aus den Elementen Kohlenstoff und Sauerstoff mit der Formel CO. Kohlenstoffmonoxid ist farblos, geruchlos, gasförmig, brennbar und giftig. Kohlenstoffmonoxid entsteht durch Verbrennung von Kohle oder kohlenstoffhaltigen Substanzen unter Sauerstoffmangel. Wenn bei solchen Verbrennungen ausreichend Sauerstoff zugeführt wird, entsteht immer Kohlenstoffdioxid CO_2.
Im Labor kann Kohlenstoffmonoxid durch Dehydratisierung aus Methansäure gewonnen werden. Als wasserziehende Substanz setzt man stark konzentrierte Schwefelsäure ein.
Kohlenstoffmonoxid brennt mit blauer Flamme. Bei der Verbrennung entsteht Kohlenstoffdioxid. In der chemischen Industrie wird Kohlenstoffmonoxid z. B. zur Herstellung von Methanol benötigt. Aus Methanol und Kohlenstoffmonoxid wird industriell auch Essigsäure hergestellt.

Material III: Tödliche CO-Vergiftung durch Heizpilz

In dem Ort Ascheberg sind im Dezember 2011 zwei Männer ums Leben gekommen, als sie einen Heizpilz in einer Garage betrieben haben. Zum Tod führte eine Vergiftung am Gas Kohlenmonoxid. (...) Heizpilze dürfen aus Sicherheitsgründen NUR im Außenbereich mit ausreichender Frischluftzufuhr betrieben werden. Ein Betrieb in geschlossenen Räumen kann wie bei allen Heizgeräten mit Verbrennungstechnik zur Kohlenstoffmonoxid-Vergiftung führen.

Quelle: www.kohlenmonoxid.org/126-unfall-toedliche-co-vergiftung-heizpilz/

1 Kohlenstoff und Kohlenstoffverbindungen werden hauptsächlich als Energieträger verwendet. Bei ihrer Verbrennung entsteht Wärme, die zum Heizen oder durch Energieumwandlung zur Erzeugung von elektrischem Strom genutzt wird. Weiterhin sind Kohlenstoffverbindungen in Form von Benzin und Diesel gegenwärtig die Haupttreibstoffe für Pkw und Lkw.
Beispiel: Verbrennung von Erdgas (Methan als Hauptbestandteil)
$$CH_4 + 2\,O_2 \longrightarrow CO_2 + 2\,H_2O \qquad \Delta H = -801\text{ kJ} \cdot \text{mol}^{-1}$$

1.1 Ein Gaskraftwerk zur Erzeugung von Elektroenergie verbraucht täglich 1,3 Millionen m^3 Erdgas.
Berechnen Sie die Masse an Kohlenstoffdioxid in Tonnen, die dabei entsteht.

1.2 Entwickeln Sie die Reaktionsgleichungen für die vollständige Verbrennung von Kohlenstoff und Octan.
Erläutern Sie den Einfluss der Nutzung fossiler Energieträger auf die globale Klimaerwärmung.

1.3 Der Einsatz erneuerbarer Energieträger, wie z. B. Biogas, soll die globale Erwärmung bremsen. Aber auch durch die Verbrennung dieser erneuerbaren Energieträger/Biomasse – Biogas (Methan), Stroh oder Holzpellets – entsteht Kohlenstoffdioxid.
Beispiel: Verbrennung von Biogas
$$CH_4 + 2\,O_2 \longrightarrow CO_2 + 2\,H_2O \qquad \Delta H = -801\text{ kJ} \cdot \text{mol}^{-1}$$
Diskutieren Sie die Verwendung von Biomasse als Energieträger.

2 Erläutern Sie den Zusammenhang zwischen Bau und Eigenschaften am Beispiel von Kohlenstoffmonoxid.
Formulieren Sie für drei der im Material II angegebenen Reaktionen die Reaktionsgleichungen.

3 Ruß ist fein verteilter reiner Kohlenstoff. Bei Verbrennungsreaktionen kann es durch Sauerstoffmangel zur Rußbildung, aber auch zur Bildung von Kohlenstoffmonoxid kommen.

3.1 Geben Sie für die unvollständige Verbrennung von Propan, bei der Ruß gebildet wird, eine Reaktionsgleichung an.

3.2 Beim Betrieb von Heizpilzen wird meist Propangas verwendet.
Erklären Sie mithilfe einer Reaktionsgleichung, wie es zu dem in Material III beschriebenen Unfall (Vergiftung) gekommen sein könnte, und begründen Sie die angegebenen Sicherheitsratschläge.

20 BE

Lösungen

Pflichtaufgabe: Reaktionen von Säuren

1. Im Haushalt werden Säuren zum Entkalken eingesetzt. In Kaffeemaschinen, Wasserkochern oder auch in Waschmaschinen kommt es je nach Wasserhärte zur Bildung von Kesselstein (Kalk, Calciumcarbonat). Säuren reagieren mit Carbonaten unter Bildung löslicher Salze. Die im Haushalt verwendeten Produkte enthalten Citronensäure, Methansäure (Ameisensäure) oder Ethansäure (Essigsäure). Auch in Reinigungsmitteln können Säuren enthalten sein. Außerdem werden Citronensäure und Essigsäure auch als Würzmittel eingesetzt.

   Vorsichtsmaßnahmen: Die im Haushalt verwendeten Lösungen sind meist reizend, nicht ätzend. Bei Berührung mit der Haut können Rötungen auftreten, die Haut wird gereizt. Besonders die Augen und Schleimhäute sind gefährdet, da hier auch dauerhafte Schäden durch verdünnte Lösungen auftreten können. So dürfen Essigtropfen oder Zitronensaft nicht in die Augen gelangen. Beim längeren Arbeiten mit sauren Reinigungsmitteln sind Handschuhe zu tragen.

2. Saure Lösungen enthalten Wasserstoff-Ionen im Überschuss. Zink ist ein unedles Metall und reagiert mit den Wasserstoff-Ionen (bzw. Hydronium-Ionen) der sauren Lösungen unter Bildung von Zink-Ionen:

   $$\overset{0}{Zn} + 2\,\overset{+1}{H^+} \longrightarrow \overset{+2}{Zn^{2+}} + \overset{0}{H_2}$$

   oder:

   $$\overset{0}{Zn} + 2\,\overset{+1}{H_3O^+} \longrightarrow \overset{+2}{Zn^{2+}} + \overset{0}{H_2} + 2\,H_2O$$

   Die Oxidationszahlen ändern sich, Zink ist das Reduktionsmittel und wird oxidiert. Wasserstoff-Ionen der sauren Lösung sind das Oxidationsmittel und werden reduziert. Oxidation und Reduktion verlaufen gleichzeitig.

3. Saure Abwässer dürfen nicht in das öffentliche Abwassernetz eingeleitet werden. Die hohe Konzentration von Wasserstoff-Ionen (Hydronium-Ionen) hat negativen Einfluss auf das Material der Abwasserkanäle und schadet auch den Mikroorganismen in der Kläranlage. Calciumhydroxid ist geeignet, die Konzentration der Wasserstoff-Ionen durch Neutralisation herabzusetzen:

   $$Ca^{2+} + 2\,OH^- + 2\,H^+ \longrightarrow Ca^{2+} + 2\,H_2O$$

   oder:

   $$Ca^{2+} + 2\,OH^- + 2\,H_3O^+ \longrightarrow Ca^{2+} + 4\,H_2O$$

4. In den wässrigen Lösungen sind verschiedene Ionen enthalten, die einzeln nachgewiesen werden können:

   $$H_2SO_4 \rightleftharpoons 2\,H^+ + SO_4^{2-}$$
   $$K_2SO_4 \rightleftharpoons 2\,K^+ + SO_4^{2-}$$
   $$HNO_3 \rightleftharpoons H^+ + NO_3^-$$

Sulfat-Ionen werden mit Bariumchlorid-Lösung nachgewiesen: Es bildet sich ein weißer Niederschlag des schwer löslichen Salzes Bariumsulfat:

$Ba^{2+} + SO_4^{2-} \rightleftharpoons BaSO_4 \downarrow$ weißer Niederschlag

Für den Nachweis von Wasserstoff-Ionen nutzt man einen Indikator wie Unitest oder Lackmus (blau).
Die Proben werden geteilt und in sechs Reagenzgläsern jeweils mit den Nachweislösungen versetzt. Folgende Beobachtungen sind zu erwarten:

	H_2SO_4	K_2SO_4	HNO_3
Unitest	rot	grün	rot
Bariumchlorid-Lösung	weißer Niederschlag	weißer Niederschlag	keine Veränderung

Damit ist eine eindeutige Identifizierung möglich.

Wahlaufgabe A 1: Essigsäure – Ethansäure

1.1 *Man wählt aus dem Material **Eigenschaften** aus, die sich mithilfe von chemischer Formelsprache (Reaktionsgleichungen) erklären lassen.*

Im Folgenden sind sechs Eigenschaften A bis F erklärt:

A: Essigsäure ist sehr gut in Wasser löslich.
B: Essigsäure wirkt auf Augen, Haut und Schleimhäute ätzend.

$CH_3COOH \rightleftharpoons CH_3COO^- + H^+$
oder:
$CH_3COOH + H_2O \rightleftharpoons CH_3COO^- + H_3O^+$

Essigsäure-Moleküle enthalten die stark polare Carboxylgruppe. Deshalb ist Essigsäure gut in dem polaren Lösungsmittel Wasser löslich. In wässriger Lösung dissoziiert die Essigsäure unter Bildung von Wasserstoff-Ionen (Hydronium-Ionen). Diese Ionen verursachen die reizende bzw. ätzende Wirkung der Essigsäure.

C, D, E: Kalk, verschiedene Metalle (Fe, Mg, Zn) und auch Metalloxide werden von verdünnter Essigsäure mehr oder weniger rasch unter Bildung von Acetaten aufgelöst.
Essigsäure reagiert mit Calciumcarbonat, dabei entstehen Calciumacetat, Kohlenstoffdioxid und Wasser:

$CaCO_3 + 2\,CH_3COOH \longrightarrow Ca(CH_3COO)_2 + H_2O + CO_2$

Bei der Reaktion von Essigsäure mit Magnesium oder Magnesiumoxid entsteht Magnesiumacetat-Lösung:

$Mg + 2\,CH_3COOH \longrightarrow Mg(CH_3COO)_2 + H_2$
$MgO + 2\,CH_3COOH \longrightarrow Mg(CH_3COO)_2 + H_2O$

F: Durch Reaktionen mit Alkoholen können Essigsäureester hergestellt werden.
So entsteht bei der Reaktion von Essigsäure mit Butanol Essigsäurebutylester:

$CH_3COOH + HO-CH_2-CH_2-CH_2-CH_3 \longrightarrow$
$CH_3COO-CH_2-CH_2-CH_2-CH_3 + H_2O$

1.2 **Berechnung des Volumens an Kohlenstoffmonoxid:**
Die Reaktionsgleichung entnimmt man dem Material I.

gegeben:/gesucht:

$$CH_3OH_{(g)} + CO_{(g)} \longrightarrow C_2H_4O_{2\,(g)}$$

$V(CO)$ $\qquad\qquad\qquad\qquad m(CH_3COOH) = 1\,t$

$1\,mol \cdot 22{,}4\,L \cdot mol^{-1} \qquad 1\,mol \cdot 60\,g \cdot mol^{-1}$

$= 22{,}4\,L \qquad\qquad\qquad = 60\,g$

Lösung:

$V(CO) \triangleq 22{,}4\,L$

$1\,t \triangleq 60\,g$

$V(CO) = \dfrac{22{,}4\,L \cdot 1\,t}{60\,g} \qquad 1\,t = 10^6\,g$

$V(CO) = \dfrac{22{,}4\,L \cdot 10^6\,g}{60\,g}$

$V(CO) = 373\,000\,L = 373\,m^3$

Zur Herstellung von 1 t Essigsäure sind bei vollständigem Umsatz 373 m³ Kohlenstoffmonoxid erforderlich.

1.3 *Aus dem Material wählt man **Verwendungszwecke** der Essigsäure, die in einem engen Zusammenhang mit ihren Eigenschaften stehen.*

- Herstellung von Estern
  Essigsäure reagiert aufgrund der Carboxylgruppe im Molekül mit vielen Alkoholen zu Essigsäureestern. Deshalb wird sie zur Herstellung dieser Substanzen genutzt.
- Würz- und Konservierungsstoff
  Essigsäure hat einen sauren Geschmack, weiterhin ist Essigsäure in Lösungen geringer Konzentration nicht giftig oder ätzend. Die Wasserstoff-Ionen können den Befall von Lebensmitteln mit Bakterien für einen gewissen Zeitraum verhindern, deshalb wirkt Essigsäure auch konservierend.
- Zusatz in Reinigungsmitteln
  Essigsäure reagiert mit Carbonaten unter Bildung löslicher Acetate, weshalb Essigreiniger zur Beseitigung von Kalkrückständen eingesetzt werden.

In der Aufgabenstellung sind nur zwei Verwendungszwecke verlangt.

Wahlaufgabe A 2: Kohlenstoff und Kohlenstoffverbindungen

1.1 $CH_4 + 2\,O_2 \longrightarrow CO_2 + 2\,H_2O$
gegeben: $V_m = 22{,}4\ L \cdot mol^{-1}$
   $n(CH_4) = 1\ mol$
   $V(CH_4) = 1{,}3 \cdot 10^6\ m^3 = 1{,}3 \cdot 10^9\ L$
   $M(CO_2) = 44\ g \cdot mol^{-1}$
   $n(CO_2) = 1\ mol$
gesucht: $m(CO_2) = ?$

Größengleichung:

$$m(CO_2) = \frac{n(CO_2) \cdot M(CO_2) \cdot V(CH_4)}{n(CH_4) \cdot V_m(CH_4)}$$

$$m(CO_2) = \frac{1\ mol \cdot 44\ g \cdot mol^{-1} \cdot 1{,}3 \cdot 10^9\ L}{1\ mol \cdot 22{,}4\ L \cdot mol^{-1}}$$

$m(CO_2) = 2{,}55 \cdot 10^9\ g = 2550\ t$

Bei der täglichen Verbrennung von 1,3 Millionen m³ Erdgas entstehen 2550 t Kohlenstoffdioxid.

1.2 **Verbrennung von Kohlenstoff:**
$C + O_2 \longrightarrow CO_2$

Verbrennung von Octan:
$C_8H_{18} + 12{,}5\,O_2 \longrightarrow 8\,CO_2 + 9\,H_2O$

Erläuterung globale Klimaerwärmung: Die Erwärmung der Erdoberfläche erfolgt durch die Sonneneinstrahlung. Die zurückgestrahlte Wärme wird u. a. durch in der Luft vorhandenes Kohlenstoffdioxid und Wasserdampf zurückgehalten. Dies bezeichnet man als natürlichen Treibhauseffekt.
Bei der Verbrennung fossiler Energieträger entsteht zusätzlich Kohlenstoffdioxid in sehr großen Mengen. Dadurch wird der natürliche Treibhauseffekt verstärkt und die Durchschnittstemperatur auf der Erde steigt. Es kommt zur globalen Erwärmung, weil eine große Menge fossiler Energieträger verbrannt wird.

1.3 Pflanzen verbrauchen Kohlenstoffdioxid aus der Luft und wandeln es durch Fotosynthese in Glucose und weiter in Biomasse um. Dadurch wird Kohlenstoffdioxid in Form von Kohlenstoffverbindungen in der Biomasse gespeichert.
Beim Verbrennen dieser Biomasse zur Energiegewinnung kann nur so viel Kohlenstoffdioxid in die Luft gelangen, wie zuvor beim Pflanzenwachstum verbraucht wurde. Die Atmosphäre wird also nicht zusätzlich mit Kohlenstoffdioxid belastet.
Allerdings kann derzeit nur ein geringer Anteil der fossilen Energieträger durch Biomasse ersetzt werden. Das Pflanzenwachstum und die Anbauflächen reichen nicht aus, um den großen Bedarf zu decken.

2 **Zusammenhang zwischen Bau und Eigenschaften:** Kohlenstoffmonoxid ist eine Molekülsubstanz. Geringe zwischenmolekulare Anziehungskräfte sind die Ursache für die niedrige Schmelz- und Siedetemperatur. Bei Raumtemperatur ist Kohlenstoffmonoxid gasförmig. Es ist brennbar, weil es noch Sauerstoff binden kann. Dabei wird Kohlenstoffmonoxid zu Kohlenstoffdioxid oxidiert.

Reaktionsgleichungen:
Kohlenstoffmonoxid entsteht durch Verbrennung von Kohle unter Sauerstoffmangel:

$$C + 0{,}5\, O_2 \longrightarrow CO$$

Wenn bei solchen Verbrennungen ausreichend Sauerstoff zugeführt wird, entsteht immer Kohlenstoffdioxid:

$$C + O_2 \longrightarrow CO_2$$

Im Labor kann Kohlenstoffmonoxid durch Dehydratisierung aus Methansäure gewonnen werden. Als wasserentziehende Substanz wird meist konzentrierte Schwefelsäure eingesetzt:

$$HCOOH \xrightarrow{\text{konz. } H_2SO_4} CO + H_2O$$

Kohlenstoffmonoxid brennt mit blauer Flamme. Bei der Verbrennung entsteht Kohlenstoffdioxid:

$$2\, CO + O_2 \longrightarrow 2\, CO_2$$

Herstellung von Methanol:

$$CO + 2\, H_2 \longrightarrow CH_3OH$$

Herstellung von Essigsäure:

$$CH_3OH + CO \longrightarrow CH_3COOH$$

In der Aufgabenstellung sind nur drei Reaktionsgleichungen verlangt.

3.1 **Rußbildung** bei der Verbrennung von Propan:

$$C_3H_8 + 2\, O_2 \longrightarrow 3\, C + 4\, H_2O$$
$$\ \text{Ruß}$$

3.2 **Bildung von Kohlenstoffmonoxid** bei der Verbrennung von Propan:

$$C_3H_8 + 3{,}5\, O_2 \longrightarrow 3\, CO + 4\, H_2O$$

Bei der Verbrennung von Propan in der Garage wird Sauerstoff verbraucht. Nach einiger Zeit könnte durch Sauerstoffmangel eine unvollständige Verbrennung zur Bildung von Kohlenstoffmonoxid geführt haben. Da das Gas geruchlos ist, wurde es von den Männern nicht bemerkt.

In geschlossenen Räumen kann durch Verbrennung immer Sauerstoffmangel auftreten. Deshalb ist der Betrieb solcher Heizpilze nur im Freien zulässig. Bei ausreichender Frischluftzufuhr entsteht immer Kohlenstoffdioxid:

$$C_3H_8 + 5\, O_2 \longrightarrow 3\, CO_2 + 4\, H_2O$$

Besondere Leistungsfeststellung Thüringen 10. Klasse Chemie
Aufgabe 4

Pflichtaufgabe: Nachweisreaktionen

1. Ionenreaktionen
   Viele Stickstoffverbindungen sind Bestandteile von Düngemitteln oder werden direkt als Düngemittel eingesetzt.
   Drei Gefäße, die mit A, B, und C bezeichnet sind, enthalten Ammoniumchlorid, Kaliumchlorid bzw. Ammoniumsulfat als Düngemittelbestandteile.
   Planen Sie die Identifizierung dieser Stoffe und begründen Sie Ihr Vorgehen.

2. Die Identifizierung organischer Verbindungen erfordert umfangreiche Vorüberlegungen zur Struktur der Stoffe und den daraus abzuleitenden Reaktionen.
   Lösen Sie in einem Gedankenexperiment die folgende Aufgabe.
   In drei mit 1, 2 und 3 bezeichneten Gefäßen befinden sich die Stoffproben von Propanal, Ethanol und Propansäure.
   Erklären Sie, wie Sie vorgehen würden, wenn Sie diese Substanzen identifizieren sollten.
   Begründen Sie Ihren Lösungsweg.

   20 BE

Wahlaufgabe A 1: Alkane als einfache Kohlenwasserstoffe

1. Der Rohstoff Erdöl wird auf dem Weltmarkt immer knapper, sodass die Verarbeitung von Erdöl immer mehr Bedeutung erlangt.
   Beschreiben Sie die Erdöldestillation als einen Verarbeitungsschritt des Erdöls anhand der Materialien I und II.

2. Erläutern Sie am Beispiel der Alkane eine homologe Reihe von Verbindungen. Beziehen Sie das Material III in Ihre Ausführungen ein.

3. Der Wirkungsgrad von Benzinmotoren ist von der Klopffestigkeit des verwendeten Benzins abhängig. Eine hohe Octanzahl kennzeichnet eine hohe Qualität des Benzins. Als Vergleichssubstanz dient dabei ein *iso*-Octan. Es handelt sich dabei um 2,2,4-Trimethylpentan.
   Entwickeln Sie die Strukturformel zu dieser Verbindung. Geben Sie zu *iso*-Octan mindestens zwei weitere Isomere mit Namen und Formel an.

   20 BE

Material

Material I: Fraktionsturm zur Erdöldestillation

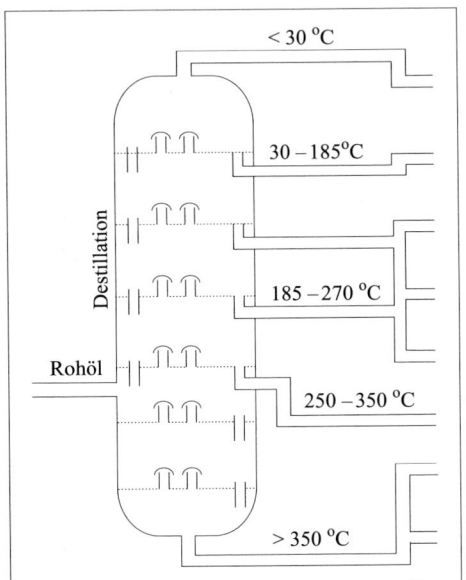

Abb. 6: Fraktionsturm zur Erdöldestillation

Material II: Fraktionen des Erdöls aus unterschiedlichen Fördergebieten

Fraktionen	Gase	Benzine	Mitteldestillate	Rückstand
Produkte	Stadtgas Flüssiggas	Petrolether Gasolin Benzin	Leucht- petroleum Düsenkraftstoff Dieselöl leichtes Heizöl	schweres Heizöl Bitumen Petrolkoks
Siedebereich	30 °C	30–185 °C	185–350 °C	>350 °C
Zahl der C-Atome	1–4	5–12	13–20	>20

Anteile (%) der
Destillation in
einer Raffinerie
  Deutschland
  Persischer Golf
  Algerien
	1
	2
	3
		15
		25
		36
			21
			31
			35
				63
				42
				26

Material III: Vertreter der homologen Reihe der Alkane

Name	Formel	Schmelztemp. in °C	Siedetemp. in °C	Aggregatzustand bei 20 °C	Alkyl
Methan	CH_4	−182	−164	Gase	Methyl
Ethan	C_2H_6	−183	−89		Ethyl
Propan	C_3H_8	−190	−42		Propyl
Butan	C_4H_{10}	−138	−0,5		Butyl
Pentan	C_5H_{12}	−130	36	Flüssigkeiten	Pentyl
Hexan	C_6H_{14}	−95	69		Hexyl
Heptan	C_7H_{16}	−91	98		Heptyl
Octan	C_8H_{18}	−57	126		Octyl
Nonan	C_9H_{20}	−51	151		Nonyl
Decan	$C_{10}H_{22}$	−30	174		Decyl
Hexadecan	$C_{16}H_{34}$	18	287	Feststoffe	Hexadecyl
Heptadecan	$C_{17}H_{36}$	22	302		Heptadecyl
Eicosan	$C_{20}H_{42}$	37	343		Eicosyl

Wahlaufgabe A 2: Bau der Stoffe – chemische Bindungen

1. Folgende Substanzen stehen zur Verfügung:
Aluminium, Calcium, Wasserstoffperoxid (H_2O_2), Kohlenstoff, Salzsäure und Wasser.
Geben Sie zwei Möglichkeiten zur Darstellung von Wasserstoff an, indem Sie aus den zuvor genannten Substanzen auswählen. Schreiben Sie die Reaktionsgleichungen und die Ionengleichungen und erläutern Sie den Umbau der chemischen Bindungen.

2. Vervollständigen Sie die folgende Tabelle:

Name des Stoffes	Chlor			Kupfer
chemisches Zeichen / Elektronen- / Ionenschreibweise		H_2O H–O–H	$[Mg]^{2+}$ $2\,[Cl]^-$	
Elektronegativitätsdifferenz zwischen den Elementbestandteilen	0			0
Art der Teilchen, aus denen der Stoff aufgebaut ist	unpolare Moleküle	Dipolmoleküle		
chemische Bindung				
Kräfte				
zwei abgeleitete Eigenschaften			wasserlöslich; wässrige Lösung leitet den elektrischen Strom	

20 BE

Lösungen

Pflichtaufgabe: Nachweisreaktionen

1 **Planung der Identifizierung:**
   Vorüberlegung: Die Stoffproben A, B und C bestehen aus Ionen-Kristallen. Die folgenden Dissoziationsgleichungen zeigen die Ionen, auf die die Stoffproben untersucht werden müssen.

   Ammoniumchlorid: $NH_4Cl \rightleftharpoons NH_4^+ + Cl^-$
   Kaliumchlorid: $KCl \rightleftharpoons K^+ + Cl^-$
   Ammoniumsulfat: $(NH_4)_2SO_4 \rightleftharpoons 2\,NH_4^+ + SO_4^{2-}$

Vorgehen	A	B	C
a) Teilen der Stoffproben und Zusetzen von Natriumhydroxid-Lösung zu jeweils einem Teil Prüfen der entweichenden Gase mit einem mit konzentrierter Salzsäure benetzten Glasstab	✕ weiße Nebel	–	✕ weiße Nebel
b) Lösen der drei Stoffproben Versetzen eines Teils der Lösungen jeweils mit Silbernitrat-Lösung	✕ weißer Niederschlag	✕ weißer Niederschlag	–
c) Ansäuern der restlichen Lösungen mit Salzsäure Prüfen mit Bariumchlorid-Lösung	–	–	✕ weißer Niederschlag

Die Beobachtungsergebnisse werden in einer Tabelle festgehalten und aus den Ergebnissen wird die Identifizierung abgeleitet.

Begründung:

a) Diejenigen Salze, die Ammonium-Ionen enthalten, setzen Ammoniak-Gas frei, das mit Chlorwasserstoff-Gas aus der konzentrierten Salzsäure am Glasstab einen weißen Nebel bildet.
Dem Nachweis liegt eine Reaktion mit Protonenübergang, die Zersetzung der Ammoniumverbindung mit Natronlauge, zugrunde:

$NH_4^+ + Cl^- + Na^+ + OH^- \rightleftharpoons NH_3 + H_2O + Cl^- + Na^+$

$2\,NH_4^+ + SO_4^{2-} + 2\,Na^+ + 2\,OH^- \rightleftharpoons 2\,NH_3 + 2\,H_2O + SO_4^{2-} + 2\,Na^+$

Bildung der Salz-Kristalle (weiße Nebel):

$NH_3 + HCl \rightleftharpoons \mathbf{NH_4Cl}$

b) In den Lösungen, in denen Chlorid-Ionen enthalten sind, bilden sich weiße Niederschläge aus schwer löslichem Silberchlorid:

$AgNO_3 \rightleftharpoons Ag^+ + NO_3^-$
$KCl \rightleftharpoons K^+ + Cl^-$
$Ag^+ + NO_3^- + K^+ + Cl^- \rightleftharpoons AgCl + K^+ + NO_3^-$
$\mathbf{Ag^+ + Cl^-} \rightleftharpoons \mathbf{AgCl}$

$NH_4Cl \rightleftharpoons NH_4^+ + Cl^-$

$NH_4^+ + Cl^- + Ag^+ + NO_3^- \rightleftharpoons AgCl + NH_4^+ + NO_3^-$

$\mathbf{Cl^- + Ag^+} \rightleftharpoons \mathbf{AgCl}$

c) In der Lösung, in der Sulfat-Ionen enthalten sind, bildet sich ein weißer, schwer löslicher Niederschlag aus Bariumsulfat:

$BaCl_2 \rightleftharpoons Ba^{2+} + 2\,Cl^-$

$(NH_4)_2SO_4 \rightleftharpoons 2\,NH_4^+ + SO_4^{2-}$

$2\,NH_4^+ + SO_4^{2-} + Ba^{2+} + 2\,Cl^- \rightleftharpoons BaSO_4 + 2\,NH_4^+ + 2\,Cl^-$

$\mathbf{SO_4^{2-} + Ba^{2+}} \rightleftharpoons \mathbf{BaSO_4}$

2 Planung der Identifizierung:

Vorüberlegung: Die Stoffproben 1, 2 und 3 sind flüssige organische Verbindungen mit funktionellen Gruppen im Molekül. Aufgrund der Polarität der Moleküle sind sie wasserlöslich. Die Identifizierung erfolgt mithilfe der Reaktionen, die auf die funktionellen Gruppen zurückzuführen sind. Vereinfachte Strukturformeln:

Propanal: $CH_3-CH_2-\mathbf{CHO}$
Ethanol: $CH_3-CH_2\mathbf{OH}$
Propansäure: $CH_3-CH_2-\mathbf{COOH}$

Vorgehen	CH_3-CH_2-CHO	CH_3-CH_2OH	CH_3-CH_2-COOH
Prüfen der Flüssigkeiten mit Unitestpapier	–	–	rot
Durchführen der Tollens-Probe oder Fehling-Probe bzw. Prüfen mit Schiffs Reagens	Silberspiegel ziegelroter Niederschlag rotviolette Färbung	–	×
Oxidation der Flüssigkeit, die bisher nicht positiv reagierte, mit einer oxidierten Kupferspirale	×	bis sich das Gemisch mit Schiffs Reagens doch rotviolett färbt	×

Begründung des Lösungsweges:

– Feuchtes Unitestpapier führt dazu, dass die Alkansäure Hydronium-Ionen bildet und ein Farbumschlag am Indikator erfolgt:

$CH_3-CH_2-COOH + \mathbf{H_2O} \rightleftharpoons CH_3-CH_2-COO^- + \mathbf{H_3O^+}$

Die Flüssigkeiten können zu weiteren Untersuchungen verwendet werden.

– Die Lösungen, die mit Unitest nicht reagiert haben, werden mit Schiffs Reagens geprüft. Propanal färbt Schiffs Reagens aufgrund der Aldehydgruppe rotviolett. Mit ammoniakalischer Silbernitrat-Lösung entsteht in einem Alkanal beim Erhitzen ein Silberspiegel aufgrund der reduzierend wirkenden Aldehydgruppe:

$Ag^+ + e^- \rightleftharpoons Ag \quad$ Reduktion des Metall-Ions

Mit einem Gemisch aus Fehling I und II entsteht in einem Alkanal aufgrund der reduzierend wirkenden Aldehydgruppe beim Erhitzen ein ziegelroter Niederschlag aus Kupfer(I)-oxid:

$Cu^{2+} + e^- \rightleftharpoons Cu^+$ Reduktion des Metall-Ions

Die verbleibende Lösung muss den Alkohol enthalten.

- Wird ein Alkanol katalytisch oxidiert (mit einer oxidierten Kupferspirale) entsteht ein Alkanal, das dann das noch vorhandene Schiffs Reagens rotviolett färbt. Neben dem charakteristischen Geruch des Ethanols ist das ein Nachweis dafür, dass diese letzte Flüssigkeit Ethanol ist:

$CH_3-CH_2OH \rightleftharpoons CH_3-CHO + H_2$

reagiert dann mit Schiffs Reagens positiv

Wahlaufgabe A 1: Alkane als einfache Kohlenwasserstoffe

1 Die **Erdöldestillation** ist ein Verarbeitungsschritt des Erdöls, der nach der Grobreinigung von Wasser und Gestein folgt. Die Destillation erfolgt als fraktionierte Destillation. Darunter versteht man ein Trennungsverfahren von Flüssigkeitsgemischen in Stoffgruppen mit gleichen Siedebereichen durch Verdampfen und Kondensieren zum Destillat, das nacheinander nach steigenden Siedebereichen aufgefangen wird.
Erhitztes, gasförmiges Rohöl wird in den unteren Teil des Fraktionsturmes eingelassen und strömt nach oben. Es trifft dabei auf die ersten Glockenböden und kühlt sich etwas ab. Die am höchsten siedenden Anteile (Rückstand) mit einem Siedebereich von über 350 °C kondensieren und laufen zurück.
Leichter siedende Anteile sind noch heiß genug, um gasförmig weiter nach oben zu steigen und auch noch schwer siedende Bestandteile mitzureißen, die allerdings am nächsten Glockenboden kondensieren und wieder zurücklaufen können. Auf dem zweiten Glockenboden kondensieren dann etwas leichter siedende Stoffe wie schweres Heizöl mit einem Siedebereich von 250 °C−350 °C. Diese Vorgänge an den Glockenböden wiederholen sich, sodass sich als Nächstes das Mitteldestillat (Petroleum, Dieselöl, leichtes Heizöl) mit einem Siedebereich von 185 °C−270 °C absetzt und dann die Benzine mit einem Siedebereich von 30 °C−185 °C flüssig werden. Am oberen Teil des Fraktionsturmes werden die noch gasförmigen Anteile mit einem Siedebereich bis 30 °C abgeleitet.
Der Rückstand enthält Kohlenwasserstoffverbindungen mit einer C-Atomanzahl über 20, die Mitteldestillate enthalten Kohlenwasserstoffverbindungen mit einer C-Atomanzahl zwischen 13 und 20, die Benzine enthalten Kohlenwasserstoffverbindungen mit einer C-Atomanzahl zwischen 5 und 12 und die Gase zwischen 1 und 4.
Der zurückgelaufene Rückstand wird in einer Vakuumdestillation noch weiter getrennt. Die anderen Fraktionen werden weiter gereinigt (z. B. von Schwefel), gecrackt und vielfältigen Verwendungszwecken zugeführt.

2 Eine **homologe Reihe** ist eine Gruppe von Verbindungen mit drei Merkmalen:
a) Aufeinanderfolgende Glieder unterscheiden sich um den Formelbetrag $-CH_2-$.
b) Alle Verbindungen einer homologen Reihe haben gleiche Strukturmerkmale und deshalb vergleichbare chemische Eigenschaften.
c) Die Verbindungen haben unterschiedliche, sich kontinuierlich ändernde Molekülgrößen, die ihre physikalischen Eigenschaften bedingen.

Erläuterung am Beispiel der Alkane:

a) Alle Summenformeln für Verbindungen einer homologen Reihe können mit einer allgemeinen Summenformel gebildet werden, bei Alkanen lautet diese C_nH_{2n+2}.

z. B.: Ethan, n = 2   ⟶ $C_2H_{2\cdot 2(+2)}$ ⟶ C_2H_6

Heptan, n = 7   ⟶ $C_7H_{2\cdot 7(+2)}$ ⟶ C_7H_{16}

Beispiele für unterschiedliche Formelbeträge aufeinanderfolgender Verbindungen:

Butan: $CH_3-CH_2-CH_2-CH_3$

Pentan: $CH_3-CH_2-CH_2-\mathbf{CH_2}-CH_3$

b) Aufgrund der gleichen Elementbestandteile sind alle Alkane brennbar und verbrennen bei ausreichend Sauerstoff vollständig zu Kohlenstoffdioxid und Wasser:

z. B.: Methan $CH_4 + 2\,O_2$ ⟶ $CO_2 + 2\,H_2O$

Octan $2\,C_8H_{18} + 25\,O_2$ ⟶ $16\,CO_2 + 18\,H_2O$

Da Alkane gesättigte Kohlenwasserstoffverbindungen sind, gehen sie **Substitutions-** und **Eliminierungsreaktionen** ein:

Substitution als Chlorierung von Ethan bzw. Hexan:

$CH_3-CH_3 + Cl_2$ ⟶ $CH_3-CH_2Cl + HCl$

$CH_3-CH_2-CH_2-CH_2-CH_2-CH_3 + Cl_2$ ⟶

$CH_3-CH_2-CH_2-CH_2-CH_2-CH_2Cl + HCl$

Eliminierung als Dehydrierung von Ethan bzw. Hexan:

$CH_3-CH_3 \rightleftharpoons CH_2=CH_2 + H_2$

$CH_3-CH_2-CH_2-CH_2-CH_2-CH_3 \rightleftharpoons$

$CH_3-CH_2-CH_2-CH_2-CH=CH_2 + H_2$

c) Alkane bestehen aus unpolaren Molekülen, deren Elementbestandteile nur Kohlenstoff und Wasserstoff sind. Je länger die Moleküle werden, umso größer werden die zwischenmolekularen Kräfte (Van-der-Waals-Kräfte), die zu sich allmählich ändernden physikalischen Eigenschaften führen. In Material III ist aufgeführt, dass sich die Aggregatzustände bei 20 °C von Methan bis Eicosan von Gasen über Pentan bis Hexadecan über Flüssigkeiten zu Feststoffen ändern. Die Schmelztemperaturen und Siedetemperaturen ändern sich ähnlich, da sie ebenfalls von den zwischenmolekularen Kräften (Van-der-Waals-Kräfte) abhängig sind. Die Siedetemperaturen von Methan bis Butan liegen unter der Zimmertemperatur, was bestätigt, dass Stoffe, deren Moleküle eine relativ große Molekülmasse haben, noch gasförmig sind, weil zwischen den unpolaren Molekülen nur geringe Anziehungskräfte wirken.

3   Strukturformel von 2,2,4-Trimethylpentan:

```
         CH3        CH3
          |          |
  H3C — C —— CH2 — CH —— CH3
          |
         CH3
```

Weitere Isomere zu *iso*-Octan mit Namen und Strukturformel:

$$H_3C-CH_2-\underset{\underset{CH_3}{|}}{CH}-CH_2-\underset{\overset{CH_3}{|}}{CH}-CH_3 \quad \text{2,4-Dimethylhexan}$$

$$H_3C-CH_2-CH_2-CH_2-\underset{\underset{CH_3}{|}}{\overset{\overset{CH_3}{|}}{C}}-CH_3 \quad \text{2,2-Dimethylhexan}$$

Wahlaufgabe A 2: Bau der Stoffe – chemische Bindungen

1 Möglichkeiten zur Darstellung von Wasserstoff aus den gegebenen Stoffen:

a) **Calcium + Wasser ⟶ Calciumhydroxid + Wasserstoff**
Reaktionsgleichung: $Ca + 2\,H_2O \longrightarrow Ca(OH)_2 + H_2$
Ionengleichung: $Ca + 2\,H_2O \longrightarrow Ca^{2+} + 2\,OH^- + H_2$

Umbau der chemischen Bindung:
Im Metall-Kristall des Calciums erfolgt die Aufspaltung der Metallbindung und in den Wasser-Molekülen spaltet sich die polare Atombindung zwischen einem Wasserstoff-Atom und einem Sauerstoff-Atom jeweils unter Bildung von Wasserstoff-Ionen und Hydroxid-Ionen. Es erfolgt die Entladung der Wasserstoff-Ionen durch die Aufnahme von Elektronen vom Calcium unter Bildung von Calcium-Ionen und Wasserstoff-Molekülen mit unpolarer Atombindung. Calcium-Ionen und Hydroxid-Ionen bilden Ionen-Kristalle mit Ionenbindung, die auch in Wasser löslich sind.

b) **Aluminium + Salzsäure ⟶ Aluminiumchlorid + Wasserstoff**
Reaktionsgleichung: $2\,Al + 6\,HCl \longrightarrow 2\,AlCl_3 + 3\,H_2$
Ionengleichung: $2\,Al + 6\,H^+ + 6\,Cl^- \longrightarrow 2\,Al^{3+} + 6\,Cl^- + 3\,H_2$

Umbau der chemischen Bindung:
Durch Aufspaltung der Metallbindung im Aluminium und die Aufnahme der Valenzelektronen des Aluminiums durch die Wasserstoff-Ionen (aus der Salzsäure-Lösung) bilden sich Wasserstoff-Moleküle mit unpolarer Atombindung. Die Aluminium-Ionen und Chlorid-Ionen bilden Ionen-Kristalle mit Ionenbindung beim Eindampfen der Lösung.

2

Name des Stoffes	Chlor	Wasser	Magnesium-chlorid	Kupfer
chemisches Zeichen/ Elektronen-/Ionen-schreibweise	$\mid\overline{Cl}\text{—}\overline{Cl}\mid$	H_2O H–O–H (gewinkelt)	$[Mg]^{2+}$ $2\,[Cl]^-$	Cu
Elektronegativitäts-differenz zwischen den Elementbestandteilen	0	1,4	1,8	0
Art der Teilchen, aus denen der Stoff aufgebaut ist	unpolare Moleküle	Dipol-Moleküle	zweimal positiv geladene Magnesium-Ionen und einmal negativ geladene Chlorid-Ionen	Kupfer-Atome, zweimal positiv geladene Kupfer-Ionen und die dazugehörigen frei beweglichen Elektronen
chemische Bindung	unpolare Atombindung	polare Atombindung	Ionenbindung	Metallbindung
Kräfte	sehr geringe zwischen-molekulare Anziehung	Anziehung zwischen Teilchen mit elektrisch unterschiedlich geladenen Polen; Wasserstoffbrückenbindungen	elektrostatische Anziehung zwischen Anionen und Kationen	elektrostatische Anziehung zwischen Elektronen und Kationen
zwei abgeleitete Eigenschaften	gasförmig; nicht elektrisch leitfähig	flüssig, trotz geringer Molekülgröße; gut mischbar mit Stoffen, die aus polaren Teilchen oder Ionen aufgebaut sind	wasserlöslich; wässrige Lösung leitet den elektrischen Strom	elektrisch leitfähig; gute Wärmeleitfähigkeit

Besondere Leistungsfeststellung Thüringen 10. Klasse Chemie
Aufgabe 5

Pflichtaufgabe: Atombau und Periodensystem der Elemente

1 Zeigen Sie am Beispiel des Elementes Schwefel, dass die Einordnung der Elemente in das PSE in Zusammenhang mit ihrem Atombau steht.

2 Vergleichen Sie Eigenschaften, die aus der Stellung der Elemente im PSE abzuleiten sind, am Beispiel der Elemente Natrium und Chlor. Erläutern Sie Besonderheiten.

3 Die Elemente Stickstoff und Sauerstoff sind Elemente der 2. Periode. Vergleichen Sie den Atombau, den Bau der Stoffe und daraus abzuleitende Eigenschaften.

20 BE

Wahlaufgabe A 1: Stickstoffdüngemittel

Material I: Übersicht

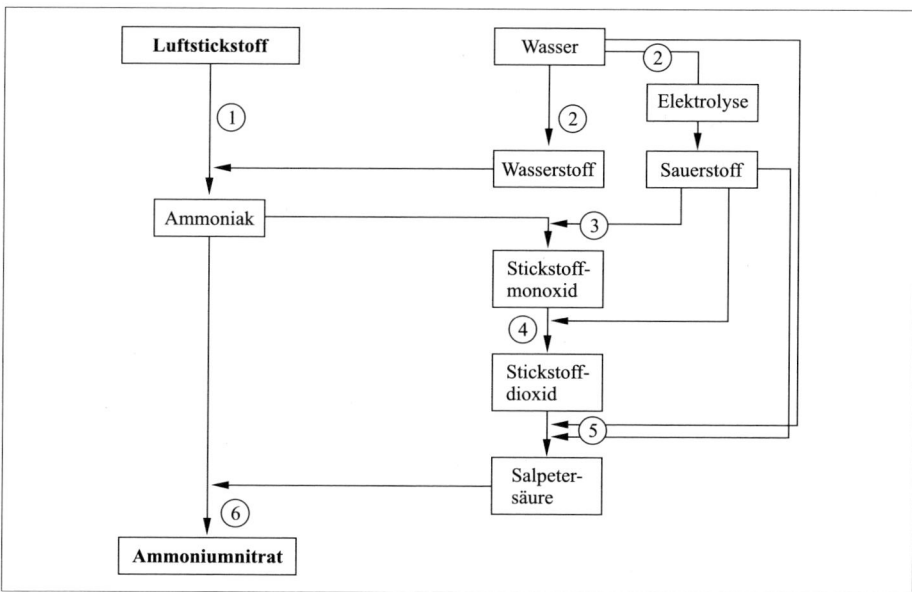

Abb. 7: Vom Luftstickstoff zum Stickstoffdünger

1. Wählen Sie vier Reaktionen aus der Übersicht in **Material I** aus und entwickeln Sie die Reaktionsgleichungen dazu. Ermitteln Sie für diese vier Reaktionen jeweils die Reaktionsart. Begründen Sie **eine** Zuordnung.

2. Berechnen Sie das Volumen von Ammoniak, das bei der Reaktion mit Salpetersäure zur Herstellung von 1 t Ammoniumnitrat erforderlich ist.

3. Beschreiben Sie den Einfluss von Temperatur, Druck und Katalysator am Beispiel der Ammoniak-Synthese.

20 BE

Wahlaufgabe A 2: Ethanol

Material II: Informationstext

Ethanol war bereits in vorgeschichtlicher Zeit in Form von alkoholischen Getränken bekannt. Wenn man den Begriff Alkohol hört, denkt man nicht zuletzt deshalb an „Trinkalkohol" in Bier, Wein, Sekt, Schnaps und weiteren Mischgetränken.
Beim genaueren Hinsehen wird allerdings deutlich, dass diese Getränke neben Wasser, Zucker, Aroma- und Farbstoffen nur einen geringen Anteil Alkohol enthalten. Dieser Alkohol ist Ethanol. Die Bedeutung des Ethanols und die anderer Alkohole haben im Laufe der Zeit erheblich zugenommen. In der Technik dient Ethanol als wertvolles Lösungsmittel sowie zur Herstellung von Essenzen. Ethanol ist Bestandteil von Brennspiritus und eignet sich als Gemisch mit Benzin als Motortreibstoff. Ethanol ist Ausgangsstoff bei der Essigsäuregärung. Andere Alkohole dienen z. B. als Zusatz in Frostschutzmitteln, zur Herstellung von Aromastoffen und Fetten sowie zur Herstellung zahlreicher Kunststoffe.

1. Beschreiben Sie den Bau eines Ethanol-Moleküls und stellen Sie dieses als Modell dar.

2. Leiten Sie aus der beschriebenen Bedeutung von Ethanol im Material II drei Eigenschaften ab und zeigen Sie den Zusammenhang zwischen Eigenschaften und Verwendung bei Stoffen.

3. Ethanol kann aus Glucose und auch aus Ethen hergestellt werden.
Erläutern Sie diese zwei Beispiele der Herstellung von Ethanol.
Berechnen Sie für **ein Beispiel** die Massen der Ausgangsstoffe, die zur Herstellung von 100 L reinem Ethanol erforderlich sind.
(Ethanol hat eine Dichte von $\rho = 0{,}79 \text{ g} \cdot \text{mL}^{-1}$.)

20 BE

Lösungen

Pflichtaufgabe: Atombau und Periodensystem der Elemente

1 Zusammenhang zwischen Stellung im PSE und Atombau beim Element Schwefel:

Element	Stellung im PSE	Atombau
Schwefel	Ordnungszahl 16	Anzahl der Protonen im Atomkern: 16 Anzahl der Elektronen in der Atomhülle: 16
	Hauptgruppennummer VI	Anzahl der Außenelektronen: 6
	Periode 3	Anzahl der besetzten Elektronenschalen: 3

2 Da die Elemente Natrium und Chlor im PSE sehr weit auseinanderstehen (I. und VII. Hauptgruppe), haben sie dem Gesetz der Periodizität entsprechend auch sehr unterschiedliche Eigenschaften, obwohl sie in die gleiche Periode (3. Periode) eingeordnet sind.
Vergleich von Eigenschaften, die z. B. aus der Stellung im PSE bzw. aus dem Atombau der Elemente abgeleitet werden können:

Eigenschaften	Natrium	Chlor
Aggregatzustand (mit zunehmender Ordnungszahl in der Periode von fest zu gasförmig)	fest	gasförmig
Metall-/Nichtmetallcharakter (mit zunehmender Ordnungszahl in der Periode Übergang von Metallen zu Nichtmetallen)	Metall	Nichtmetall
elektrische Leitfähigkeit	gut, aufgrund der frei beweglichen e^- im Metall-Kristall	als Molekülsubstanz keine
Ionenbildung (Atome mit weniger als vier Außenelektronen bilden durch e^--Abgabe positive Ionen, Atome mit mehr als vier Außenelektronen bilden durch e^--Aufnahme negative Ionen)	Natrium-Ionen: $Na \longrightarrow Na^+ + e^-$	Chlorid-Ionen: $Cl_2 + 2e^- \longrightarrow 2Cl^-$
höchste Oxidationszahl (Hauptgruppennummer)	+1, z. B. in Na_2O Natriumoxid	+7, z. B. in Cl_2O_7 Dichlorheptoxid
Reaktionen der Oxide mit Wasser	Natriumoxid und auch Natrium selbst bilden mit Wasser alkalische Lösungen (Natriumhydroxid-Lösung)	die Oxide des Chlors bilden mit Wasser saure Lösungen, z. B. Perchlorsäure-Lösung

3 Vergleich des Atombaus:

Stellung im PSE	Atombau	Stickstoff	Sauerstoff
Ordnungszahl	Anzahl der Protonen im Atomkern	7	8
	Anzahl der Elektronen in der Atomhülle	7	8
Hauptgruppennummer	Anzahl der Außenelektronen	5	6
Periode	Anzahl der besetzten Elektronenschalen	2	2
	Atommasse	14 u	16 u

Beide Elemente stehen in der gleichen Periode, sodass ihre Atome die gleiche Anzahl besetzter Energieniveaus haben. Da die Anzahl der Protonen und Neutronen im Kern und so die Atommasse unterschiedlich sind, ist auch die Anzahl der Außenelektronen auf dem 2. Energieniveau verschieden.

Vergleich des Baus der Stoffe und abzuleitende Eigenschaften

Gemeinsamkeiten: Beide Elemente sind aus unpolaren, zweiatomigen Molekülen aufgebaut und somit Molekülsubstanzen:

$$|N \equiv N| \qquad \langle O = O \rangle$$

Stickstoff und Sauerstoff haben aufgrund ihrer unpolaren Moleküle geringe Siede- und Schmelztemperaturen, sind gasförmig und leiten den elektrischen Strom nicht. Beide Gase sind im polaren Lösungsmittel Wasser wenig löslich.

Unterschiede: Die an der Bindung beteiligten Elektronenpaare (bei Stickstoff 3, bei Sauerstoff 2) sowie die nicht an der Bindung beteiligten Elektronenpaare (bei Stickstoff je 1, bei Sauerstoff je 2) und die Molekülgröße sind verschieden.

Stickstoff ist reaktionsträge und nicht brennbar, Sauerstoff dagegen ist als Oxidationsmittel reaktionsfähig und fördert die Verbrennung. Beide Gase können daher gut unterschieden werden.

Wahlaufgabe A 1: Stickstoffdüngemittel

1 Reaktionsgleichungen zu den Reaktionen 1 bis 6:

1 $\overset{0}{N_2} + 3\overset{0}{H_2} \rightleftharpoons 2\overset{-3+1}{NH_3}$

Redoxreaktion

Begründung: Bei einer Redoxreaktion verlaufen die Teilreaktionen Oxidation und Reduktion gleichzeitig. Die Oxidationszahlen ändern sich.

Elektronenabgabe: $3 H_2 \rightleftharpoons 6 H^+ + 6 e^-$

Elektronenaufnahme: $N_2 + 6 e^- \rightleftharpoons 2 N^{3-}$

2 $2 \overset{+1-2}{H_2O} \rightleftharpoons 2 \overset{0}{H_2} + \overset{0}{O_2}$

Redoxreaktion (Änderung der Oxidationszahlen)

3 $4 \overset{-3+1}{NH_3} + 5 \overset{0}{O_2} \rightleftharpoons 4 \overset{+2-2}{NO} + 6 \overset{+1-2}{H_2O}$

Redoxreaktion (Änderung der Oxidationszahlen)

4   $\overset{+2-2}{2\,NO} + \overset{0}{O_2} \rightleftharpoons \overset{+4-2}{2\,NO_2}$

Redoxreaktion (Änderung der Oxidationszahlen)

5   $\overset{+4-2}{4\,NO_2} + \overset{+1-2}{2\,H_2O} + \overset{0}{O_2} \rightleftharpoons \overset{+1+5-2}{4\,HNO_3}$

Redoxreaktion (Änderung der Oxidationszahlen)

6   $HNO_3 + NH_3 \rightleftharpoons NH_4NO_3$
    $H^+ + NO_3^- + NH_3 \rightleftharpoons NH_4^+ + NO_3^-$

Reaktion mit Protonenübergang

Begründung: Eine Reaktion mit Protonenübergang ist eine chemische Reaktion, bei der als Teilreaktionen Teilchen der reagierenden Stoffe Protonen (Wasserstoff-Ionen) austauschen.

Protonenabgabe: $HNO_3 \rightleftharpoons H^+ + NO_3^-$
Protonenaufnahme: $NH_3 + H^+ \rightleftharpoons NH_4^+$

Von den sechs aufgeführten Reaktionen und den zwei angegebenen Begründungen sind vier Reaktionen und eine Begründung zu wählen.

2   Reaktionsgleichung: $HNO_3 + NH_3 \rightleftharpoons NH_4NO_3$

gegeben: $n(NH_3) = 1$ mol $m(NH_4NO_3) = 1$ t
          $V_m(NH_3) = 22{,}4$ L · mol^{-1} $M(NH_4NO_3) = 80$ g · mol^{-1}
                                      $n(NH_4NO_3) = 1$ mol

gesucht: $V(NH_3)$

$$V(NH_3) = \frac{n(NH_3) \cdot V_m(NH_3) \cdot m(NH_4NO_3)}{n(NH_4NO_3) \cdot M(NH_4NO_3)}$$

$$V(NH_3) = \frac{1\,\text{mol} \cdot 22{,}4\,\text{L} \cdot \text{mol}^{-1} \cdot 1\,\text{t}}{1\,\text{mol} \cdot 80\,\text{g} \cdot \text{mol}^{-1}}$$

$$V(NH_3) = 280\,\text{m}^3$$

Zur Herstellung von 1 t Ammoniumnitrat ist ein Volumen von 280 m^3 Ammoniak erforderlich.

3   Reaktionsgleichung zur Ammoniak-Synthese:

$N_2 + 3\,H_2 \rightleftharpoons 2\,NH_3 \qquad \Delta H = -92\,\text{kJ} \cdot \text{mol}^{-1}$

Die **Ammoniak-Synthese** ist eine umkehrbare chemische Reaktion, die durch Temperatur- und Druckänderung sowie einen Katalysator beeinflusst werden kann. Die Bildung von Ammoniak verläuft entsprechend der Angabe der Reaktionswärme exotherm, d. h., der Zerfall von Ammoniak verläuft endotherm. Nach dem Prinzip von Le Chatelier begünstigt Temperaturerhöhung die Reaktionsrichtung, die unter Wärmeverbrauch abläuft (bezogen auf die Ammoniak-Synthese den Zerfall von Ammoniak), Temperaturerniedrigung die Reaktionsrichtung, die unter Wärmebildung abläuft (bezogen auf das Beispiel die Bildung von Ammoniak).

Der Einfluss der Druckänderung ist von den Volumenverhältnissen abhängig. Bei der Ammoniak-Synthese stellt die Seite der Ausgangsstoffe die Seite mit dem größeren Volumen dar: $V = 4$ mol $\cdot V_m$. Hoher Druck begünstigt die verstärkte Bildung der Stoffe, die unter Volumenabnahme erfolgt, also die Bildung von Ammoniak. Druckerniedrigung führt zur verstärkten Bildung der Stoffe, die unter Volumenzunahme gebildet werden, also Stickstoff und Wasserstoff.

Der Katalysator setzt die Aktivierungsenergie herab und erhöht dadurch die Reaktionsgeschwindigkeit. Die Dreifachbindung im Stickstoff-Molekül kann durch die Katalyse schneller gespalten werden. Bei der technischen Durchführung der Ammoniak-Synthese wählt man folgende Reaktionsbedingungen:
– Temperatur: ca. 450 °C (Kompromiss zwischen optimaler Wirksamkeit eines Katalysators und der Begünstigung der Hinreaktion durch niedrige Temperatur)
– Druck: 20 bis 30 MPa

Wahlaufgabe A 2: Ethanol

1   Das **Ethanol-Molekül** ähnelt in seinem Grundaufbau einem Wasser-Molekül, bei dem ein Wasserstoff-Atom durch eine Ethylgruppe (C_2H_5-) ersetzt wurde. Das Ethanol-Molekül ist wie das Wasser-Molekül polar gebaut, d. h., die gemeinsamen Bindungselektronen sind aufgrund der unterschiedlichen Anziehungskräfte der Atomkerne auf die Bindungselektronen nicht symmetrisch verteilt. Ähnlich wie im Wasser-Molekül kommt es zur Ausbildung von Ladungsschwerpunkten und damit zu Dipol-Molekülen.

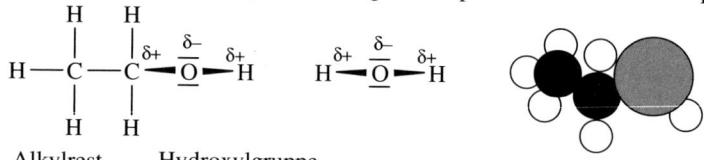

Alkylrest   Hydroxylgruppe

2   Im Material II ist die Bedeutung von Ethanol beschrieben. Die Bedeutung bzw. Verwendung von Ethanol steht in direktem Zusammenhang zu seinen Eigenschaften:
– Bestandteil in alkoholischen Getränken: Ethanol ist sehr gut wasserlöslich und kann in jeder Konzentration mit Wasser gemischt werden.
– Lösungsmittel für Essenzen: Ethanol besitzt ein gutes Lösevermögen auch für schwach polare oder unpolare Substanzen. Wirkstoffe aus Pflanzen lösen sich in Ethanol.
– Zusatz zum Benzin in Treibstoffen
– Bestandteil des Brennspiritus: Ethanol ist brennbar. Bei vollständiger Oxidation entstehen Kohlenstoffdioxid und Wasserdampf:

$C_2H_5OH + 3 O_2 \longrightarrow 2 CO_2 + 3 H_2O$

– Herstellung von Weinessig: Bei der partiellen Oxidation von Ethanol kann durch Enzyme Essigsäure entstehen (Essigsäuregärung):

$C_2H_5OH + O_2 \xrightarrow{\text{Enzyme der Essigbakterien}} CH_3COOH + H_2O$

3 Ethanol kann durch alkoholische Gärung hergestellt werden. Zucker oder stärkehaltige Ausgangsstoffe z. B. aus Früchten werden hydrolytisch in Glucose gespalten und diese enzymatisch unter Luftabschluss zu Ethanol und Kohlenstoffdioxid vergoren:

$$C_6H_{12}O_6 \xrightarrow{\text{Enzyme der Hefe}} 2\ C_2H_5OH + 2\ CO_2$$

Technisch kann Ethanol aus Ethen durch katalytische Addition von Wasser hergestellt werden. Dabei wird die Doppelbindung zwischen den beiden Kohlenstoff-Atomen im Ethen-Molekül aufgespalten, sodass sich ein Wasserstoff-Atom des Wasser-Moleküls an das eine Kohlenstoff-Atom und die Hydroxylgruppe an das andere Kohlenstoff-Atom des Ethen-Moleküls anlagern kann:

$$CH_2=CH_2 + H_2O \xrightarrow{\text{Platinkatalysator}} CH_3-CH_2OH$$

Berechnung: Masse des Ethanols

$$\rho = \frac{m}{V}$$

$$m = \rho \cdot V$$

$$m = 0{,}79\,g \cdot mL^{-1} \cdot 100\,L = 79\,000\,g = 79\,kg$$

100 L Ethanol besitzen eine Masse von 79 kg.

– **Beispiel 1: Herstellung aus Glucose**

gegeben:/gesucht:

$m(C_6H_{12}O_6)$ $\qquad\qquad\qquad\qquad m(C_2H_5OH) = 79\,kg$

$C_6H_{12}O_6 \longrightarrow 2\ C_2H_5OH + 2\ CO_2$

1 mol · 180 g · mol^{-1} $\qquad$ 2 mol · 46 g · mol^{-1}

= 180 g $\qquad\qquad\qquad\qquad$ = 92 g

Lösung:

$m(C_6H_{12}O_6) \stackrel{\wedge}{=} 180\,g$

$\qquad 79\,kg \stackrel{\wedge}{=} 92\,g$

$$m(C_6H_{12}O_6) = \frac{180\,g \cdot 79\,kg}{92\,g}$$

$m(C_6H_{12}O_6) = 155\,kg$

Zur Herstellung von 100 L reinem Ethanol sind 155 kg Glucose erforderlich.

– **Beispiel 2: Herstellung aus Ethen**

gegeben:/gesucht:

$m(C_2H_4)$ $\qquad\qquad\qquad\qquad m(C_2H_5OH) = 79\,kg$

$CH_2=CH_2 + H_2O \longrightarrow CH_3-CH_2OH$

1 mol · 28 g · mol^{-1} $\qquad$ 1 mol · 46 g · mol^{-1}

= 28 g $\qquad\qquad\qquad\qquad$ = 46 g

Lösung:
$m(C_2H_4) \triangleq 28\,g$

$79\,kg \triangleq 46\,g$

$m(C_2H_4) = \dfrac{28\,g \cdot 79\,kg}{46\,g}$

$m(C_2H_4) = 48\,kg$

Die Masse von Wasser entspricht dann der Differenz zu 79 kg:

$m(H_2O)$ = 79 kg − 48 kg = 31 kg (Gesetz von der Erhaltung der Masse)

Zur Herstellung von 100 L reinem Ethanol sind 48 kg Ethen sowie 31 kg Wasser erforderlich.

Besondere Leistungsfeststellung Thüringen 10. Klasse Chemie
Aufgabe 6

Pflichtaufgabe: Carbonate

Material I: Kalkstein und Kesselstein

Hauptbestandteil in Kalksteinen ist Calciumcarbonat ($CaCO_3$), das in den Kristallisationsformen Calcit und Aragonit vorkommt. Beim Verwittern von Kalkstein entsteht u. a. durch Reaktion mit kohlenstoffdioxidhaltigem Wasser Calciumhydrogencarbonat, welches wasserlöslich ist:

$$CaCO_3 + H_2O + CO_2 \longrightarrow Ca(HCO_3)_2$$

Das im Trinkwasser gelöste Calciumhydrogencarbonat reagiert beim Erhitzen zu Calciumcarbonat. Der feste, weiße Stoff setzt sich als „Kesselstein" im Wasserkocher oder an Heizstäben von Waschmaschinen ab.

Material II: Grundstoff Kalkstein

In der Industrie ist Kalkstein ein wichtiger Grundstoff. Beim Kalkbrennen dient er als Ausgangsstoff für die Herstellung von Branntkalk (CaO), der dann weiter zu Löschkalk verarbeitet wird.

Löschkalk
$Ca(OH)_2$

Weiterhin werden Kalkstein, aber auch Branntkalk und Löschkalk, zur Neutralisation saurer Abwässer eingesetzt.

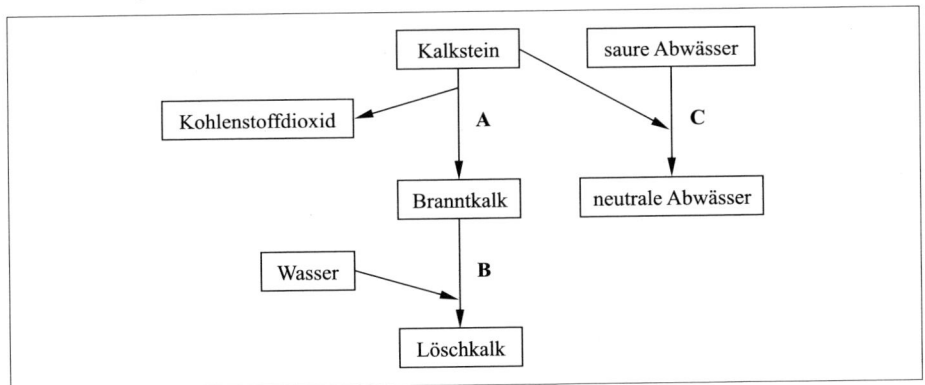

1 Beim Erhitzen von Trinkwasser entsteht in Abhängigkeit von der Wasserhärte Kesselstein (Material I).
Geben Sie die Reaktionsgleichung für die Bildung von Kesselstein an.
Erläutern Sie eine Möglichkeit, den Kesselstein durch eine geeignete chemische Reaktion aus dem Wasserkocher zu entfernen.

2 Im Material II sind Beispiele für die Verwendung von Kalkstein in der Industrie beschrieben.

2.1 Entwickeln Sie für die Reaktionen A und B die Reaktionsgleichungen.
Berechnen Sie die Masse an Kalkstein, die zur Erzeugung von 100 t Löschkalk eingesetzt werden muss.

2.2 Erläutern Sie Sicherheitsregeln beim Arbeiten mit Löschkalk.

2.3 Eine gesättigte Lösung von Löschkalk in Wasser heißt Kalkwasser und wird im Labor u. a. für den Nachweis von Kohlenstoffdioxid eingesetzt.
Beschreiben Sie den Nachweis von Kohlenstoffdioxid und entwickeln Sie die Reaktionsgleichung.

3 Vergleichen Sie die verschiedenen Neutralisationsmöglichkeiten saurer Abwässer mit den drei im Material II genannten Calciumverbindungen untereinander.

20 BE

Wahlaufgabe A 1: Redoxreaktionen

1 Wasserstoff findet in der Technik und im Alltag vielfältige Einsatzmöglichkeiten. Im Labor kann Wasserstoff u. a. durch Redoxreaktionen erzeugt werden.

1.1 Es stehen folgende Substanzen zur Verfügung:
Aluminium, Calcium, Calciumcarbonat, verdünnte Methansäure, verdünnte Salzsäure, Kupfer(II)-chlorid und Wasser.
Geben Sie anhand von Reaktionsgleichungen **drei** Möglichkeiten zur Darstellung von Wasserstoff aus den genannten Substanzen an.

1.2 Erklären Sie an einem Ihrer Beispiele aus 1.1 die Merkmale von Redoxreaktionen.

1.3 Berechnen Sie für ein Beispiel aus 1.1 die notwendigen Massen an Ausgangsstoffen, die zur Darstellung von 10 L Wasserstoff notwendig sind.

1.4 Beurteilen Sie, welche der angegebenen Varianten aus 1.1 sich als Schülerexperiment am besten eignet.
Entwickeln Sie für das experimentelle Vorgehen einen Plan.

20 BE

Wahlaufgabe A 2: Stickstoffverbindungen – Merkmale chemischer Reaktionen

1. Aus Wasserstoff und Stickstoff wird großtechnisch Ammoniak hergestellt:

   $N_2 + 3\,H_2 \rightleftharpoons 2\,NH_3$

   Ammoniak ist ein wichtiges Zwischenprodukt in der chemischen Industrie und wird u. a. als Ausgangsstoff zur Herstellung von Sprengstoffen, Farbstoffen und Düngemitteln genutzt.

1.1 Erläutern Sie am Beispiel der Ammoniak-Synthese den Umbau der chemischen Bindung und die Teilchenveränderung bei einer chemischen Reaktion.

1.2 In modernen Reaktoren werden heute täglich 1 500 t Ammoniak produziert. Berechnen Sie, wie viele Kubikmeter Stickstoff und Wasserstoff vollständig umgesetzt werden müssen, um diese Tagesproduktion zu erreichen.

1.3 Entwickeln Sie die Reaktionsgleichung für die Bildung eines Ammoniumsalzes aus Ammoniak und erklären Sie die Reaktionsart.

1.4 Beschreiben Sie ein Experiment für den Nachweis von Ammonium-Ionen. Geben Sie geeignete Reaktionsgleichungen an.

20 BE

Lösungen

Pflichtaufgabe: Carbonate

1 **Reaktionsgleichung:**

Bei der Bildung von Kesselstein läuft die zur Verwitterung von Kalkstein entgegengesetzte Reaktion ab (Material I). Die Bildung von Kesselstein ist endotherm, das gebildete Kohlenstoffdioxid entweicht.

$$Ca(HCO_3)_2 \longrightarrow CaCO_3 + H_2O + CO_2$$

Entfernung von Kesselstein:
Calciumcarbonat lässt sich durch Reaktion mit Säuren in lösliche Calcium-Salze umwandeln. So können die Ablagerungen entfernt werden:

$$CaCO_3\,(s) + 2\,H^+\,(aq) \longrightarrow Ca^{2+}\,(aq) + H_2O + CO_2\,(g) \uparrow$$

Kesselstein — Säurelösung — Salzlösung — Wasser — Kohlenstoffdioxid

In den handelsüblichen Entkalkern sind meist organische Säuren (z. B. Methansäure, Ethansäure oder Citronensäure) enthalten. Deren Salze sind wasserlöslich.
Beispiel: Reaktionsgleichung mit Methansäure unter Bildung von Calciumformiat:

$$CaCO_3\,(s) + 2\,HCOOH\,(aq) \longrightarrow Ca(HCOO)_2\,(aq) + H_2O + CO_2\,(g) \uparrow$$

2.1 **Reaktionsgleichungen:**

A $CaCO_3\,(s) \longrightarrow CaO + CO_2\,(g) \uparrow$

B $CaO\,(s) + H_2O \longrightarrow Ca(OH)_2$

Berechnung:

Der geforderten Berechnung liegen zwei Reaktionen zugrunde. Man kann die Lösung über Calciumoxid mit zwei Teilrechnungen ermitteln (Variante 1). Vorteilhafter ist jedoch der kürzere Weg über das Stoffmengenverhältnis (Variante 2).

- **Variante 1**

  Berechnung der Masse von Calciumoxid:
  gegeben:/gesucht:

  $m(CaO)$ $m(Ca(OH)_2) = 100\,t$

  $CaO\,(s) + H_2O \longrightarrow Ca(OH)_2$

  $1\,mol \cdot 56\,g \cdot mol^{-1}$ $1\,mol \cdot 74\,g \cdot mol^{-1}$
  $= 56\,g$ $= 74\,g$

  Lösung:

  $m(CaO) \mathrel{\hat=} 100\,t$

  $56\,g \mathrel{\hat=} 74\,g$

  $m(CaO) = \dfrac{100\,t \cdot 56\,g}{74\,g} = 75{,}68\,t$

Berechnung der Masse von Calciumcarbonat:
gegeben:/gesucht:

$m(CaCO_3)$ $m(CaO) = 75{,}68$ t

CaCO$_3$ (s) ⎯⎯⎯⎯→   CaO + CO$_2$ (g) ↑

1 mol · 100 g · mol^{-1} 1 mol · 56 g · mol^{-1}

= 100 g   = 56 g

Lösung:

$m(CaCO_3) \triangleq 75{,}68$ t

    100 g $\triangleq$ 56 g

$$m(CaCO_3) = \frac{75{,}68 \text{ t} \cdot 100 \text{ g}}{56 \text{ g}} = 135{,}14 \text{ t}$$

Zur Herstellung von 100 t Löschkalk müssen 135,14 t Kalkstein eingesetzt werden. (In der ersten Reaktion **A** werden aus 135,14 t Kalkstein 75,68 t Branntkalk gebildet. In der zweiten Reaktion **B** reagieren 75,68 t Branntkalk mit Wasser zu 100 t Löschkalk).

– **Variante 2**

A   CaCO$_3$ (s) ⎯⎯⎯⎯→ CaO + CO$_2$ (g) ↑

B   CaO (s) + H$_2$O ⎯⎯⎯⎯→ Ca(OH)$_2$

Aus den Reaktionsgleichungen ist das Stoffmengenverhältnis ersichtlich: Aus 1 mol Calciumcarbonat (Kalkstein) entsteht 1 mol Calciumoxid und daraus 1 mol Calciumhydroxid (Löschkalk).

$m(CaCO_3)$ $m(Ca(OH)_2) = 100$ t

CaCO$_3$ (s) ⎯⎯⎯⎯→ CaO ⎯⎯⎯⎯→ Ca(OH)$_2$

1 mol · 100 g · mol^{-1} 1 mol · 74 g · mol^{-1}

= 100 g   = 74 g

Lösung:

$m(CaCO_3) \triangleq 100$ t

    100 g $\triangleq$ 74 g

$$m(CaCO_3) = \frac{100 \text{ t} \cdot 100 \text{ g}}{74 \text{ g}} = 135{,}14 \text{ t}$$

Zur Herstellung von 100 t Löschkalk müssen 135,14 t Kalkstein eingesetzt werden.

2.2 *Aus dem Material II geht hervor, dass Löschkalk ätzend ist. Damit sind die Sicherheitsregeln begründet.*

Sicherheitsregeln: Löschkalk gehört zu den Metallhydroxiden und reagiert stark alkalisch. Nach der Kennzeichnung ist Löschkalk ätzend.
Um Verätzungen der Augen und der Haut zu vermeiden, muss eine Schutzbrille getragen und der Hautkontakt vermieden werden. Beim Arbeiten mit Löschkalk sollten Schutzhandschuhe getragen werden. Entstehender Staub darf nicht eingeatmet werden.

2.3 Um das Gas Kohlenstoffdioxid nachzuweisen, wird es in Kalkwasser (Calciumhydroxid-Lösung) eingeleitet. Bei der Reaktion bildet sich schwer lösliches Calciumcarbonat, welches als weißer Niederschlag ausfällt:

$$Ca(OH)_2 \text{ (aq)} + CO_2 \text{ (g)} \longrightarrow CaCO_3 \text{ (s)} \downarrow + H_2O$$

3 **Gemeinsamkeiten:** Durch die drei Reaktionen werden jeweils die Wasserstoff-Ionen verbraucht, bis die Lösungen neutral sind. Als Nebenprodukt entstehen Calciumsalz-Lösungen.
Unterschiede: Die Calciumverbindungen bzw. reagierenden Teilchen der Calciumverbindungen sowie die Reaktionsprodukte unterscheiden sich teilweise:

$2 H^+$ (aq)	+	CaO (s)	$\longrightarrow$	Ca^{2+} (aq)	+	H_2O	
saures Abwasser		Branntkalk		Salzlösung		Wasser	
$2 H^+$ (aq)	+	$Ca(OH)_2$ (s)	$\longrightarrow$	Ca^{2+} (aq)	+	$2 H_2O$	
saures Abwasser		Löschkalk		Salzlösung		Wasser	
$2 H^+$ (aq)	+	$CaCO_3$ (s)	$\longrightarrow$	Ca^{2+} (aq)	+	H_2O + CO_2 (g) $\uparrow$	
saures Abwasser		Kalkstein		Salzlösung		Wasser Kohlenstoffdioxid	

Wenn man annimmt, dass saures Abwasser Salzsäure enthält, können die Reaktionsgleichungen auch auf dieser Basis angegeben werden:

2 HCl (aq)	*+*	*CaO (s)*	$\longrightarrow$	*$CaCl_2$ (aq)*	*+*	*H_2O*	
saures Abwasser		*Branntkalk*		*Salzlösung*		*Wasser*	
2 HCl (aq)	*+*	*$Ca(OH)_2$ (s)*	$\longrightarrow$	*$CaCl_2$ (aq)*	*+*	*$2 H_2O$*	
saures Abwasser		*Löschkalk*		*Salzlösung*		*Wasser*	
2 HCl (aq)	*+*	*$CaCO_3$ (s)*	$\longrightarrow$	*$CaCl_2$ (aq)*	*+*	*H_2O + CO_2 (g) $\uparrow$*	
saures Abwasser		*Kalkstein*		*Salzlösung*		*Wasser Kohlenstoffdioxid*	

Wahlaufgabe A 1: Redoxreaktionen

1.1 Reaktionsgleichungen:
a) $Ca + 2 HCl \longrightarrow CaCl_2 + H_2$
b) $2 Al + 6 HCl \longrightarrow 2 AlCl_3 + 3 H_2$
c) $Ca + 2 H_2O \longrightarrow Ca(OH)_2 + H_2$
d) $Ca + 2 HCOOH \longrightarrow Ca(HCOO)_2 + H_2$
e) $2 Al + 6 HCOOH \longrightarrow 2 Al(HCOO)_3 + 3 H_2$
f) $2 H_2O \longrightarrow O_2 + 2 H_2$ (thermische Spaltung / Elektrolyse)

Drei dieser sechs Varianten müssen laut Aufgabenstellung angegeben werden. Die Stoffe Calciumcarbonat und Kupfer(II)-chlorid können zur Darstellung von Wasserstoff im Labor nicht genutzt werden.

1.2 **Merkmale von Redoxreaktionen** (am Beispiel c ausgeführt):
Bei der Redoxreaktion werden Elektronen übertragen. Calcium ist Reduktionsmittel (RM), wird oxidiert und gibt Elektronen ab. Der Wasserstoff im Wasser-Molekül ist Oxidationsmittel (OM), wird reduziert und nimmt Elektronen auf.
Bei der Teilreaktion Oxidation erhöht sich die Oxidationszahl durch die Elektronenabgabe, bei der Reduktion wird die Oxidationszahl durch die Elektronenaufnahme kleiner.

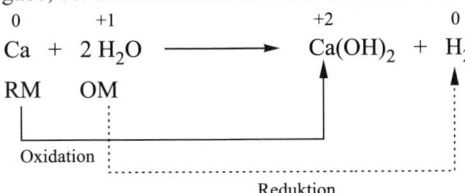

1.3 **Berechnung der Massen von Calcium und Wasser:**
gegeben: /gesucht:

$m(Ca)$	$m(H_2O)$	$V(H_2) = 10\,L$
Ca +	$2\,H_2O \longrightarrow Ca(OH)_2$ +	H_2
$1\,mol \cdot 40\,g \cdot mol^{-1}$	$2\,mol \cdot 18\,g \cdot mol^{-1}$	$1\,mol \cdot 22{,}4\,L \cdot mol^{-1}$
$= 40\,g$	$= 36\,g$	$= 22{,}4\,L$

Lösung:

$m(Ca) \mathrel{\hat{=}} 10\,L$ $\qquad\qquad m(H_2O) \mathrel{\hat{=}} 10\,L$

$40\,g \mathrel{\hat{=}} 22{,}4\,L$ $\qquad\qquad 36\,g \mathrel{\hat{=}} 22{,}4\,L$

$m(Ca) = \dfrac{10\,L \cdot 40\,g}{22{,}4\,L}$ $\qquad m(H_2O) = \dfrac{10\,L \cdot 36\,g}{22{,}4\,L}$

$m(Ca) = 17{,}9\,g$ $\qquad\qquad m(H_2O) = 16{,}1\,g$

Für die Darstellung von 10 L Wasserstoff müssen unter Normbedingungen 17,9 g Calcium und 16,1 g Wasser eingesetzt werden.

1.4 Für ein Schülerexperiment ist die Reaktion von Calcium mit Wasser am besten geeignet. Es wird keine ätzende Substanz als Ausgangsstoff eingesetzt und auch der Aufbau der Apparatur erfordert keinen großen Aufwand.
Aber auch die Reaktion von Calcium mit verdünnter Salzsäure wäre mit denselben Geräten möglich.

Plan: In einen Gasentwickler werden Calciumkörnchen gegeben. Die Pipette wird mit Wasser gefüllt. Der entstehende Wasserstoff kann pneumatisch aufgefangen werden (siehe auch Skizze).

Skizze:

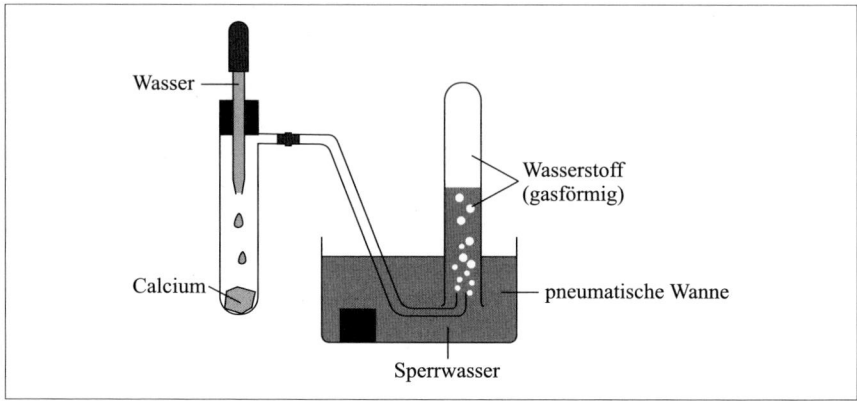

Abb. 8: Versuchsaufbau

Wahlaufgabe A 2: Stickstoffverbindungen – Merkmale chemischer Reaktionen

1.1 $N_2 + 3H_2 \rightleftharpoons 2NH_3$

Teilchenveränderung:
Aus einem zweiatomigen Stickstoff-Molekül und drei zweiatomigen Wasserstoff-Molekülen entstehen zwei Ammoniak-Moleküle. Dabei besteht jedes Ammoniak-Molekül aus einem Stickstoff-Atom und drei Wasserstoff-Atomen.

Umbau der chemischen Bindung:
Die unpolare Atombindung im Stickstoff-Molekül (Dreifachbindung) und die unpolare Atombindung in den Wasserstoff-Molekülen (Einfachbindung) werden gespalten. Die polaren Atombindungen zwischen Stickstoff und Wasserstoff im Ammoniak-Molekül werden neu ausgebildet.

1.2   **Berechnung der Volumina von Stickstoff und Wasserstoff:**

gegeben:/gesucht:

$V(N_2)$	$V(H_2)$	$m(NH_3) = 1\,500\,t$
N_2 +	$3H_2$	$\rightleftharpoons$ $2NH_3$
$1\,mol \cdot 22{,}4\,L \cdot mol^{-1}$	$3\,mol \cdot 22{,}4\,L \cdot mol^{-1}$	$2\,mol \cdot 17\,g \cdot mol^{-1}$
$= 22{,}4\,L$	$= 67{,}2\,L$	$= 34\,g$

Lösung:
$V(N_2) \hat{=} 1\,500\,t$

$22{,}4\,L \hat{=} 34\,g$

$V(N_2) = \dfrac{22{,}4\,L \cdot 1\,500\,t}{34\,g}$; $\quad 1\,t = 10^6\,g, 1\,L = 10^{-3}\,m^3$

$V(N_2) = \dfrac{22{,}4 \cdot 10^{-3}\,m^3 \cdot 1\,500 \cdot 10^6\,g}{34\,g}$

$V(N_2) = 9{,}88 \cdot 10^5\,m^3$

Die Volumina von Stickstoff und Wasserstoff stehen laut Reaktionsgleichung im Verhältnis 1:3. Deshalb gilt:

$V(H_2) = 3 \cdot V(N_2)$
$V(H_2) = 3 \cdot 9{,}88 \cdot 10^5\,m^3$
$V(H_2) = 2{,}96 \cdot 10^6\,m^3$

Um eine Tagesproduktion von 1 500 t Ammoniak zu erreichen, müssen $9{,}88 \cdot 10^5\,m^3$ Stickstoff und $2{,}96 \cdot 10^6\,m^3$ Wasserstoff vollständig umgesetzt werden.

1.3 Ammoniak + Salpetersäure ⟶ Ammoniumnitrat
NH_3 + HNO_3 ⟶ NH_4NO_3

Reaktion mit Protonenübergang, Protolyse

Vom Salpetersäure-Molekül wird ein Proton auf das Ammoniak-Molekül übertragen:

Teilreaktion Protonenabgabe: Teilreaktion Protonenaufnahme:
$HNO_3 \longrightarrow H^+ + NO_3^-$ $NH_3 + H^+ \longrightarrow NH_4^+$

$NH_3 + HNO_3 \longrightarrow NH_4^+ + NO_3^-$
Protonenübergang

1.4 Auf einer Uhrglasschale wird eine Lauge zur Analysensubstanz getropft, z. B. Kaliumhydroxid-Lösung. Wenn Ammonium-Ionen vorhanden sind, entweicht das Gas Ammoniak. Ammoniak kann am feuchten Indikatorpapier oder mit Chlorwasserstoff nachgewiesen werden. Der feuchte Indikator zeigt eine alkalische Reaktion. Chlorwasserstoff bildet mit Ammoniak einen weißen Rauch aus festem Ammoniumchlorid.

Reaktion von Ammoniumnitrat mit Kaliumhydroxid-Lösung:
$NH_4NO_3\,(s) + KOH\,(aq) \rightleftharpoons NH_3\,(g) + H_2O\,(l) + KNO_3\,(aq)$

Reaktion von Ammoniak am feuchten Indikator:
$NH_3\,(g) + H_2O\,(l) \rightleftharpoons NH_4^+\,(aq) + OH^-\,(aq)$

oder:
Reaktion von Ammoniak mit Chlorwasserstoff:
$NH_3\,(g) + HCl\,(g) \rightleftharpoons NH_4Cl\,(s)$

PRÜFUNGS-ANGST

STOPP DIE PANIK

Mit der Fußsohlen-Methode

Prüfungen können Angst- und Fluchtsituationen sein. Dein Körper schüttet Adrenalin aus und dämpft das Gefühl in den Füßen. Z. B. beim Weglaufen ist es gut, wenn man die Füße nicht spürt. Eine Prüfung ist aber **keine Gefahrensituation**. Signalisiere deinem Körper, dass du nicht weglaufen musst, und bring das Gefühl in deine Füße zurück:

Setze oder stelle dich hin.
Die Füße müssen den **Boden** berühren.

Spüre jeden einzelnen **Zeh** von klein bis groß.

Erkunde den **Bogen** deines Fußes.

Schließe jetzt deine Augen und **denke** dich in deine Füße hinein.

Fahre in Gedanken um die **Fersen**.

Spüre den **Druck** auf dem Boden.

Dein Körper **fühlt** die Füße wieder und denkt, er sei in keiner Panik-Situation, sondern in **Sicherheit**.

www.stark-verlag.de **STARK**

Eure Lerntipps
 aus der Insta-Community

Chiara, 16

Verwendet Farben zum Lernen! Es wird viel übersichtlicher. Und wenn man den Lernzettel anschaut, ist man viel motivierter beim Lernen, weil er schön bunt ist.

Özgür, 20

Vergiss nicht, wie weit du bisher gekommen bist, und wie viel Potenzial in dir steckt.

Miriam, 18

Bewusst eine Auszeit zu nehmen ist effektiver, als alles nur aufzuschieben.

Mehr Lerntipps findet ihr in unserer Instagram-Community: @stark_verlag

STARK

www.stark-verlag.de